本书的出版得到了全国重点马克思主义学院建设、
上海市高校思政课教指委建设立项资助

教育与传播·"近思"文献读本

丛书主编：肖 巍

新常态与转型发展

THE NEW NORMAL AND TRANSFORMATIONAL DEVELOPMENT

严金强 —— 编

天津出版传媒集团

天津人民出版社

图书在版编目（CIP）数据

新常态与转型发展／严金强编. -- 天津：天津人民出版社,2019.12

（马克思主义学院望道书系／肖巍主编. 教育与传播·"近思"文献读本）

ISBN 978－7－201－15798－6

Ⅰ.①新… Ⅱ.①严… Ⅲ.①中国经济－经济发展－文集 Ⅳ.①F124－53

中国版本图书馆 CIP 数据核字（2020）第 019340 号

新常态与转型发展
XINCHANGTAI YU ZHUANXING FAZHAN

出　　版	天津人民出版社	
出 版 人	刘　庆	
地　　址	天津市和平区西康路 35 号康岳大厦	
邮政编码	300051	
邮购电话	（022）23332469	
网　　址	http://www.tjrmcbs.com	
电子信箱	reader@tjrmcbs.com	
策划编辑	王　康	
责任编辑	王佳欢	
特约编辑	佐　拉	
封面设计	明轩文化·王烨	
印　　刷	三河市华润印刷有限公司	
经　　销	新华书店	
开　　本	710 毫米×1000 毫米　1/16	
印　　张	15	
插　　页	2	
字　　数	200 千字	
版次印次	2019 年 12 月第 1 版　2019 年 12 月第 1 次印刷	
定　　价	78.00 元	

总　序

中国特色社会主义进入新时代,中国与世界的关系在已发生历史性变化的基础上又面临许多新变化新课题。中国积极推进"四个全面"战略布局,努力为促进世界可持续发展提供新动力新方案,积极推进全球治理体系和治理方式的变革。与此同时,为了保证中国发展坚持正确的方向,国家领导人发表了很有针对性也很有分量的讲话,并论证了新时代意识形态工作的极端重要性。在这些论述的指导和鼓舞下,意识形态领域出现了令人振奋的新气象。但是如何构建反映中国改革开放和现代化潮流、符合中国特色社会主义建设和发展需要的意识形态,仍然是我们要认真对待并积极做好的事情。

在当代中国,社会主义意识形态必须正视若干挑战:

一是由资本主导的现代生产生活方式的挑战。资本是这个世界上最强势的"物化"力量,科学技术的巨大成就所标榜的所谓"价值中立""工具理性"和效用(功利)主义,往往使人们丧失了对为什么要这样做的价值追问。物质日益丰富和技术更新换代、生活标准的提高、消费观念的刷新,极大地改变了人们的生活方式和消费习惯,通过各种手段刺激起来的消费欲望也在吞噬着劳动的快乐,淹没了人的审美情趣和精神向往,导致出现相当普遍的价值迷失现象。

二是数字技术和网络传播方式的挑战。数字技术发展和网络传播方式的增多大大拓展了人们的视野,丰富了人们的精神生活,激活了人们的参与热情,也促使人们对公共话题的思维方式和表达方式发生了很大变化。信息选择多样性和价值取向多元化,在相当程度上冲击了主流意识形态的导向和控制力,弱化了大众尤其是青年人对主流意识形态的认同。网络强大的渗透功能也为各种势力的价值观传播提供了技术条件,"互联网+"时代意识形态建设和社会主义核心价值观培育践行的难度不可低估。

三是全球化及其"逆袭"带来的外来思想挑战。冷战终结,直接导致人们对于苏联解体大相径庭的认知和解释,反映了价值观层面的严重困惑。在全球化跌宕起伏的过程中,西方价值观凭借着先进技术和话语权优势,通过各种政策主张有所表现而产生了不小的影响,但由于安全、气候、移民、核控等一系列全球治理问题陷入困境,地方性的民族认同和文化认同遭遇前所未有的危机,催生了新型民粹主义、民族主义和激进主义的思想温床,甚至出现了某些极端势力。

四是与我国发展转型改革开放不适应的各种社会思潮挑战。我国社会基本矛盾已经发生变化,发展不平衡不充分问题尤为突出,利益多元化和价值观疏离也已是不争的事实。文化保守主义刻意强调某些与现代化精神格格不入的东西,并把它们当作抑制现代病、克服人心不古的"良药";历史虚无主义否定历史进程的必然性,否定中国现代化艰难探索和中国革命的伟大意义,否定中国共产党执政的合法性;发展转型还遇到创新能力、改革动力、政策执行力不足的困扰,出现了明里暗里否定改革开放的思潮,以及令人担忧的蔓延之势。

新时代中国特色社会主义致力于解决各种"发展以后的问题",但相对于经济建设、制度建设作为国家建设的"硬件"比较"实",文化建设、意识形态建设作为国家建设的"软件"仍然比较"虚",意识形态建设能否取得实效,就要看其是否既能反映"发展以人民为中心"这个原则,又能用主流意识形态引领各种社会思潮,最大限度地满足人民群众,尤其是青年人的获得感、幸福感、安全感。实现意识形态的"最大公约数",还要靠我们一起努力。

当代中国的意识形态建设毫无疑问要坚持社会主义方向,同时要体现中国特色,弘扬中国精神,还要拥有时代情怀,开阔全球视野。

这样的意识形态建设是自主的。中国特色社会主义实践蕴涵着丰富的思想内容,包括以人为本、发展优先、社会和谐、国家富强、天下为怀。这些内涵构成了充满自信的"法宝",并以此增强主旋律思想的生命力、凝聚力、感召力,防止在与各种社会思潮的互动碰撞中随波逐流、进退失据,拥有中国特色社会主义建设者所应具备的思想素质和自信心,为实现中华民族伟大复兴提供值得期待的价值观愿景。

这样的意识形态建设是包容的。在改革开放和社会转型的过程中,各种思想思潮都有其存在的合理性,或将与主流意识形态长期共存,有交流交融也有交锋。我们必须充分了解它们的来龙去脉,以我为主、为我所用,积极加以引导,最大限度地凝聚思想共识,最大限度地发挥各方面的积极性。我们还应遵循"古为今用,洋为中用"的原则,有选择地吸纳、消化古今中外一切优秀成果,服务于意识形态建设这个目标。

这样的意识形态建设是中道的。各种社会思想思潮既有个性,又有共性。有个性,就有比较;有共性,就可以借鉴。这就要求我们在比较借鉴的基础上,取长补短,举一反三,中道取胜,同时警惕极端的、偏激的思想干扰。思想引领既要坚决,又要适度,避免"不及"与"过头"。既不能放弃原则,一味求和,害怕斗争,又不能草木皆兵,反应过度;既保持坚定的思想立场,也讲求对话交流的艺术。

这样的意识形态建设是创新的。与我国协调推进"四个全面"战略布局相适应,宣传思想工作切不能墨守成规,包括理论资源、话语体系、表达方式、传播手段等都要主动求"变",主动利用现代传播手段,打造主流思想传播的新理念、新形象、新渠道、新载体。这就对在讲好中国故事的同时提供中国方案提出了更高的创新要求,即通过教育引导、舆论宣传、文化熏陶、实践养成、制度保障,使之有机融入意识形态工作的方方面面。

新时代中国特色社会主义的伟大实践正在"给理论创造、学术繁荣提供强大动力和广阔空间"。为此,我们推出这套意识形态建设基本文献读本

（选编），并设定若干主题，包括当代国外经济、社会、政治、文化、科技、生态等理论和方法，以及与意识形态建设有关的领域的思想资源。我们尽量从二战后，特别是冷战终结以来的具有代表性的著述中选取资源，分门别类地加以筛选、整理。希望读者一卷在手，就能够比较便捷地对这些领域的观念沿革、问题聚焦和思想贡献有一个大概的了解。这套读本是复旦大学马克思主义学院学科建设的资助项目，同时也获得了上海市研究生思想政治理论课教学指导委员会的支持。这套丛书不单是关于意识形态建设的文献选编，也可以作为马克思主义理论学科建设、思想政治理论课教学、马克思主义学院研究生培养的参考用书，还可以作为人文社会科学相关学科、专业研究生教学和研究的通识教育读本。

　　是为序。

肖　巍

2019 年秋于复旦大学光华楼

目录

Contents

选编说明

2014 年 5 月,习近平总书记在河南考察时指出:"我国发展仍处于重要战略机遇期,我们要增强信心,从当前我国经济发展的阶段性特征出发,适应新常态,保持战略上的平常心态。"①这是首次以新常态描述新周期中的中国经济。我国经济发展进入新常态,是党的十八大以来,党中央综合分析世界经济长周期和我国发展阶段性特征及其相互作用做出的重大战略判断。

改革开放四十多年来,在中国特色社会主义理论的指导下,我国经济社会取得了巨大的成就,综合国力逐步上升,人民生活水平显著提高。与此同时,也积累了一些结构性、体制性和素质性突出的矛盾和问题。

首先,经济增速由高速降为中高速。自改革开放以来,高速的经济增长推动我国各项事业的发展。据统计,从 1978 年到 2012 年,我国国内生

① 《习近平在河南考察时强调:深化改革 发挥优势 创新思路 统筹兼顾 确保经济持续健康发展 社会和谐稳定》,《人民日报》,2014 年 5 月 11 日。

产总值(GDP)年均增长9.8%。但在经历2008年全球金融危机之后,中国经济增速从2012年开始出现下滑趋势。经济增速从2012年以前的9.8%降到2012年之后的7%左右,是我国当前经济发展中的一个重要特征。尽管7%左右的增长速度在世界主要经济体中还处于领先位置,但是经济增速的下滑会影响我国各项事业的发展和国家战略目标的实现。因此,必须在经济下滑的情况下,全面深化改革,破除体制机制障碍,解决长期积累的问题和矛盾,使得经济增速稳定在一定的水平上,确保"全面建成小康社会"目标的顺利实现。

其次,面临"中等收入陷阱"风险。2017年,我国人均国内生产总值将近8600美元,按照世界银行的最新标准,属于中等偏上收入国家,正向高收入国家行列迈进。历史经验表明,很多国家进入中等收入国家行列之后,长时间难以进入高收入国家行列,将这种长期处于中等收入水平的现象称为"中等收入陷阱"。很多学者研究表明,之所以大部分进入中等收入行业的国家难以维持原有较高的增长,主要是经济增长长期依赖原有的战略和模式,新的增长机制难以形成,发展方式难以转变。我国当前正处在迈进高收入行列的关键时期,需要转变经济发展方式,形成新的增长动力,否则就会落入"中等收入陷阱"。

再次,正从经济大国迈向经济强国。1978年,我国国内生产总值只有1482亿美元,居世界第十位。到了2017年,我国国内生产总值总量将近12万亿美元,位居世界第二。我国是全球制造业大国、世界第一贸易大国、世界最大的外汇储备国。可见,从经济总量来看,我国已经是一个经济大国。但是从经济结构来看,我国还不是经济强国。在产业结构上,第三产业所占比重刚过50%,与发达国家差距依然很大。现代农业、高新技术产业和现代服务业发展还相对滞后,科技进步对经济增长的贡献率仍然较低,三驾马车中消费占比仍然不足,国际竞争力不强。这就需要积极调整产业结构,不断推动产业结构由低端向中高端迈进,从而抢占全球产业发展的制高点。

最后,推动增长的要素资源约束加剧。改革开放以来我国经济增长的一个重要推动力就是人口红利的持续释放,人口红利带来的劳动力低成本,逐渐形成我国的产业竞争优势。但随着时间的推移,这一优势由于人口结构的变化和二元经济结构的转变开始消失。这一变化一方面带来劳动力成本增加,产业竞争力削弱,另一方面由于老龄化所带来的储蓄率将下降,由此引起资金成本增加。再加上过去三十多年所形成过度依赖投资的增长模式,能源、资源、环境的制约瓶颈越来越明显。因此,以往推动经济高速增长的要素资源已经难以为继,必须转变经济的发展动力,由要素驱动转变为创新驱动。

总之,党的十八大以来,以经济增速转为中高速、发展方式转向质量效益型、经济结构调整优化、发展动力转向创新驱动为主要特征的经济新常态成为我国经济社会新的阶段性特征。在经济发展新常态下,尽管经济面临较大下行压力,但我国仍然处于发展的重要战略机遇期,要主动适应、把握、引领经济发展新常态。习近平总书记指出,引领经济发展新常态要主动得力。推动经济发展,要更加注重提高发展质量和效益;稳定经济增长,要更加注重供给侧结构性改革;实施宏观调控,要更加注重引导市场行为和社会心理预期;调整产业结构,要更加注重"加减乘除"并举;推进城镇化,要更加注重以人为核心;促进区域发展,要更加注重人口经济和资源环境空间均衡;保护生态环境,要更加注重促进形成绿色生产方式和消费方式;保障和改善民生,要更加注重精准帮扶;进行资源配置,要更加注重使市场在资源配置中起决定性作用和更好发挥政府作用;扩大对外开放,要更加注重推进高水平双向开放。①

党的十八大以来,面对我国经济发展进入新常态等一系列深刻变化,中国共产党坚持稳中求进工作总基调,迎难而上,开拓进取,取得了改革开放和社会主义现代化建设的历史性成就,推动党和国家事业发生历史性变革。习近平总书记在党的十九大报告中指出:"中国特色社会主义进入新时代,

---

① 参见《习近平总书记系列重要讲话读本》,人民出版社,2016年,第144~145页。

我国社会主要矛盾已经转化为人民日益增长的美好生活需要和不平衡不充分的发展之间的矛盾。"①同时提出建设现代化经济体系的总体要求:"必须坚持质量第一、效益优先,以供给侧结构性改革为主线,推动经济发展质量变革、效率变革、动力变革,提高全要素生产率,着力加快建设实体经济、科技创新、现代金融、人力资源协同发展的产业体系,着力构建市场机制有效、微观主体有活力、宏观调控有度的经济体制,不断增强我国经济创新力和竞争力。"②

由此可见,我国经济社会发展步入了一个全新的阶段,需要认清经济发展新常态的阶段性特征,坚持以提质增效为中心,正确处理好政府与市场的关系,加快实现创新驱动发展战略,解决发展不平衡不充分问题。对此,我们选编了相关主题的经典文献,以相关领域国内外学者的研究论著和研究报告作为选编来源。选编主题和内容包括以下五个方面:

第一,关于经济发展新常态的相关论述。经济发展新常态是我国当前经济社会的一个重要的阶段性特征,只有在对经济新常态的基本特征、科学内涵和主要任务深刻把握的基础上,才能够主动适应、把握和引领新常态。本部分主要选编了发表于《人民日报》的关于经济发展新常态的评论员文章,以时间顺序从新常态的提出、特征阐释和内涵界定等方面对如何认识新常态、怎样适应和引领新常态等问题进行了论述。《人民日报》(2015年《五问中国经济(权威访谈)——权威人士谈当前经济形势》和2016年《七问供给侧结构性改革(权威访谈)——权威人士谈当前经济怎么看怎么干》)两次刊登权威人士谈当前经济形势的文章,重点解读了经济发展新常态所面临的经济形势和政策,以及供给侧结构性改革的政策含义、背景原因和重点任务等问题。

第二,关于市场和政府的关系。党的十八届三中全会提出全面深化改

---

① 习近平:《决胜全面建成小康社会 夺取新时代中国特色社会主义伟大胜利》,人民出版社,2017年,第11页。

② 同上,第30页。

革的战略举措,指出要让市场在资源配置中起决定性作用,更好地发挥政府作用。如何处理好政府和市场的关系问题,是我国经济健康发展的关键所在,也是学术界争论的焦点问题。其中强调市场的重要作用最早以英国古典政治经济学家亚当·斯密提出的"看不见的手"的理论为典型代表,而在20世纪20年代末发生经济大衰退之后,以英国经济学家凯恩斯提出的"国家干预主义"为典型代表,强调政府的作用。本书除了选编早期两位经济学家的论著之外,还选编了萨缪尔森《经济学》中对"看不见的手"的作用领域的阐述,习近平关于如何正确运用"看不见的手"和"看得见的手"的论述,斯蒂格利茨《政府为什么干预经济——政府在市场经济中的角色》一书中关于政府经济行为的利与弊的阐述,维托·坦茨《政府与市场:变革中的政府职能》中对政府未来的经济职能的阐述。

第三,关于深化改革增强制度效益。制度作为上层建筑,尽管由经济基础决定,但制度往往对经济基础和生产力的发展具有巨大的反作用。特别是对于转型国家来说,制度创新和制度发展起着至关重要的作用。美国制度经济学派代表人物康芒斯注重从法律的观点研究制度问题,认为法律制度是协调冲突的规则体系,主张通过揭示法律与经济的演进过程的规律构建协调规则。匈牙利哲学家卡尔·波兰尼分析了西方国家市场制度的演进,认为自由市场制度带来了严重问题,主张以社会主义的方式走出市场困境。美国芝加哥学派经济学家舒尔茨强调发展中国家推动经济增长过程中制度创新的重要性。中国经济学家林毅夫提出新结构经济理论,认为发展与一个经济的比较优势相一致的产业和技术结构是促进国际技术扩散,从而加速经济增长,并实现与发达国家经济发展水平平衡的关键。德国经济学家柯武刚、史漫飞也同样强调制度变革对经济发展的重要作用。

第四,关于创新驱动发展转型。创新是引领发展的第一动力,创新包括理论创新、制度创新、科技创新和文化创新等方面。在当前经济新常态背景下,如何实现要素驱动向创新驱动转向,从而实现经济发展方式转变是经济健康发展的关键环节。在这部分,选编了熊彼特、诺斯等经济学家关于制度创新和技术创新的文献。美国经济学家熊彼特在《经济发展理论》中提出创新理论,强调生产技术的革新和生产方法的变革在经济发展过程中的至高无上的作用。新制度经济学家戴维斯、诺斯在《制度变迁的理论:概念与原因》中提出制度创新的方式及其经济收益,可以通过制度创新带来外部收益的增加。除此之外,本部分还选编了美国经济学家迈克尔·波特《国家竞争优势》,以及埃德蒙·菲尔普斯的《大繁荣:大众创新如何带来国家繁荣》中的相关内容,并节选了中共中央、国务院印发的《关于深化科技体制改革 加快国家创新体系建设的意见》。

第五,关于促进平等增进社会和谐。不平等是全球面临的共同问题,既是社会问题,也是经济问题。收入分配差距较大不仅不利于社会和谐,也不利于经济的可持续发展。针对这一问题,本部分选编了印度经济学家阿玛蒂亚·森的《论经济不平等/不平等之再考察》、法国经济学家托马斯·皮凯蒂的《21世纪资本论》等论著的相关章节。阿玛蒂亚·森考察了经济不平等的各种测量方法,讨论了与之相关的分配原则问题,并对有关经济不平等、贫穷问题、福利经济等问题做了详尽的论述。阿瑟·奥肯认为平等和效率同样重要,在平等和效率中抉择时,实质是根据具体情况在两者之间寻找一种动态的平衡。针对美国出现的贫富差距急剧拉大的局面,斯蒂格利茨认为:"一种真正的经济改革议程将同时增加经济效率、公平、产出和机会。"皮凯蒂分析了资本主义市场经济条件下贫富差距拉大的必然性,指出政府在解决这一问题上的积极作用。迪顿分析了健康、财富及不平等的起源,提出解决贫困的对策。除此之外,本部分还节选了世界银行关于中国扶贫的报告,梳理中国扶贫议程的演进。

如何认识和理解经济发展过程中面临的各种难题,如何推动经济社会朝着更高质量、更有效率、更加公平和更可持续的方向发展,这既是理论问题也是现实问题。对这些问题的深入探讨和努力解决是经济学家和经济决策者的重要工作。本书选编了来自政策层面的决策者对经济发展问题的具体举措,也精选了国内外学者对经济发展问题研究和探讨的经典文献。在选编内容和章节的把握上尽量做到客观,对部分有争议的议题摘编了正反两方面的观点。当然对有些议题到目前为止仍然还有待于进一步探讨,这就需要我们理论工作者和政策制定者在前人思想成果的基础上,勇于开展理论创新和制度创新,为解决当前我国经济社会发展面临的不平衡不充分的问题,探索更加适合中国现实的发展道路,形成中国特色社会主义经济理论体系,提供理论和政策支撑。

基于各种原因,在文献的选取方面,难免存在诸多富有价值的经典论著和文献被忽视和遗漏的问题,敬请读者谅解和指正。

一二

关于经济发展新常态

1. 认识新常态

"新常态"的提出与阐述

我国发展仍处于重要战略机遇期,我们要增强信心,从当前我国经济发展的阶段性特征出发,适应新常态,保持战略上的平常心态。

——《习近平在河南考察时强调:深化改革 发挥优势 创新思路 统筹兼顾 确保经济持续健康发展 社会和谐稳定》,《人民日报》,2014 年 5 月 11 日。

中国经济呈现出新常态,有几个主要特点:一是从高速增长转为中高速增长。二是经济结构不断优化升级,第三产业、消费需求逐步成为主体,城乡区域差距逐步缩小,居民收入占比上升,发展成果惠及更广大民众。三是从要素驱动、投资驱动转向创新驱动。新常态将给中国带来新的发展机遇。

第一,新常态下,中国经济增速虽然放缓,实际增量依然可观。经过 30 多年高速增长,中国经济体量已今非昔比。2013 年一年中国经济的增量就相当于 1994 年全年经济总量,可以在全世界排到第十七位。即使是 7% 左右的增长,无论是速度还是体量,在全球也是名列前茅的。

第二,新常态下,中国经济增长更趋平稳,增长动力更为多元。有人担心,中国经济增速会不会进一步回落、能不能爬坡过坎。风险确实有,但没那么可怕。中国经济的强韧性是防范风险的最有力支撑。我们创新宏观调控思路和方式,以目前确定的战略和所拥有的政策储备,我们有信心、有能力应对各种可能出现的风险。我们正在协同推进新型工业化、信息化、城镇化、农业现代化,这有利于化解各种"成长的烦恼"。中国经济更多依赖国内消费需求拉动,避免依赖出口的外部风险。

第三,新常态下,中国经济结构优化升级,发展前景更加稳定。今年前3个季度,中国最终消费对经济增长的贡献率为48.5%,超过投资;服务业增加值占比46.7%,继续超过第二产业;高新技术产业和装备制造业增速分别为12.3%和11.1%,明显高于工业平均增速;单位国内生产总值能耗下降4.6%。这些数据显示,中国经济结构正在发生深刻变化,质量更好,结构更优。

第四,新常态下,中国政府大力简政放权,市场活力进一步释放。简言之,就是要放开市场这只"看不见的手",用好政府这只"看得见的手"。比如,我们改革了企业登记制度,前3个季度全国新登记注册市场主体920万户,新增企业数量较去年增长60%以上。

同时,我们也清醒认识到,新常态也伴随着新矛盾新问题,一些潜在风险渐渐浮出水面。能不能适应新常态,关键在于全面深化改革的力度。

选自习近平:《谋求持久发展 共筑亚太梦想——在亚太经合组织工商领导人峰会开幕式上的演讲》,《人民日报》,2014年11月10日。

科学认识经济新常态的特征

会议认为,科学认识当前形势,准确研判未来走势,必须历史地、辩证地认识我国经济发展的阶段性特征,准确把握经济发展新常态。

从消费需求看,过去我国消费具有明显的模仿型排浪式特征,现在模仿型排浪式消费阶段基本结束,个性化、多样化消费渐成主流,保证产品质量安全、通过创新供给激活需求的重要性显著上升,必须采取正确的消费政策,释放消费潜力,使消费继续在推动经济发展中发挥基础作用。

从投资需求看,经历了30多年高强度大规模开发建设后,传统产业相对饱和,但基础设施互联互通和一些新技术、新产品、新业态、新商业模式的投资机会大量涌现,对创新投融资方式提出了新要求,必须善于把握投资方向,消除投资障碍,使投资继续对经济发展发挥关键作用。

从出口和国际收支看,国际金融危机发生前国际市场空间扩张很快,出口成为拉动我国经济快速发展的重要动能,现在全球总需求不振,我国低成本比较优势也发生了转化,同时我国出口竞争优势依然存在,高水平引进来、大规模走出去正在同步发生,必须加紧培育新的比较优势,使出口继续对经济发展发挥支撑作用。

从生产能力和产业组织方式看,过去供给不足是长期困扰我们的一个主要矛盾,现在传统产业供给能力大幅超出需求,产业结构必须优化升级,企业兼并重组、生产相对集中不可避免,新兴产业、服务业、小微企业作用更加凸显,生产小型化、智能化、专业化将成为产业组织新特征。

从生产要素相对优势看,过去劳动力成本低是最大优势,引进技术和管理就能迅速变成生产力,现在人口老龄化日趋发展,农业富余劳动力减少,要素的规模驱动力减弱,经济增长将更多依靠人力资本质量和技术进步,必须让创新成为驱动发展新引擎。

从市场竞争特点看,过去主要是数量扩张和价格竞争,现在正逐步转向质量型、差异化为主的竞争,统一全国市场、提高资源配置效率是经济发展的内生性要求,必须深化改革开放,加快形成统一透明、有序规范的市场环境。

从资源环境约束看,过去能源资源和生态环境空间相对较大,现在环境承载能力已经达到或接近上限,必须顺应人民群众对良好生态环境的期待,推动形成绿色低碳循环发展新方式。

从经济风险积累和化解看,伴随着经济增速下调,各类隐性风险逐步显性化,风险总体可控,但化解以高杠杆和泡沫化为主要特征的各类风险将持续一段时间,必须标本兼治、对症下药,建立健全化解各类风险的体制机制。

　　从资源配置模式和宏观调控方式看,全面刺激政策的边际效果明显递减,既要全面化解产能过剩,也要通过发挥市场机制作用探索未来产业发展方向,必须全面把握总供求关系新变化,科学进行宏观调控。

　　这些趋势性变化说明,我国经济正在向形态更高级、分工更复杂、结构更合理的阶段演化,经济发展进入新常态,正从高速增长转向中高速增长,经济发展方式正从规模速度型粗放增长转向质量效率型集约增长,经济结构正从增量扩能为主转向调整存量、做优增量并存的深度调整,经济发展动力正从传统增长点转向新的增长点。认识新常态,适应新常态,引领新常态,是当前和今后一个时期我国经济发展的大逻辑。

　　选自《中央经济工作会议在北京举行》,《人民日报》,2014 年 12 月 12 日。

2. 适应新常态

经济形势闪耀新亮点

"适应新常态,保持战略上的平常心态","进一步增强信心,适应新常态,共同推动经济持续健康发展"。习近平总书记提出的"新常态"重大战略判断,深刻揭示了中国经济发展阶段的新变化,充分展现了中央高瞻远瞩的战略眼光和处变不惊的决策定力。用"新常态"的视角看今年上半年"经济中考"成绩单,我们会发现许多令人欣慰的新亮点。

——稳中有进。新常态下,增长速度虽然放缓,但发展质量却上了一个台阶。随着资本、土地等要素供给下降,资源环境约束强化,要素投入和能耗污染较少的服务业脱颖而出,产业结构将不断优化;随着要素价格上涨、储蓄率下降、出口和投资增速放缓,消费需求持续较快增长,需求结构将不断优化;随着城镇化提速、产业转移,城乡区域结构将不断优化;随着劳动力供给减少,人力资源稀缺性凸显,收入分配结构也将不断优化。这些新常态下的新特征、新趋势在上半年已全面显现。经济运行"稳"字当头,稳中有进。7.4%的增速虽有所放缓,在世界上仍是一枝独秀;与此同时,结构调整"进"在其中:第三产业比重持续提升、消费贡献率不断上扬、东中西部发展更趋协调、居民收入占比继续上升。"稳中有进",正成为中国经济巨轮的新姿态。

——调控创新。新常态下,经济增速换挡回落,从高速增长转为中高速增长。这就要求我们在宏观调控上既坚持底线思维,保持"忧患心",又坚持战略思维,彻底摆脱"速度情结""换挡焦虑",保持"平常心"。另一方面,新常态下,经济发展从过去的传统粗放转为高效率、低成本、可持续。这就要求我们在宏观调控上将转方式、调结构放在更加突出的位置。上半年,党中央、国务院创新宏观调控思路和方式,不搞强刺激、大调整,而是坚持区间调控,调控定力更强;不搞"大水漫灌",而是坚持定向调控,抓住经济结构中的关键领域和薄弱环节"喷灌""滴灌",调控发力更准;不搞头痛医头、脚痛医脚,而是坚持"统筹调控",统筹稳增长、促改革、调结构、惠民生,通盘考虑应对经济下行压力与促进经济提质增效,调控效力更久。"调控创新",正成为中国经济巨轮的新舵盘。

　　——改革红利。新常态下,转方式、调结构的要求更为迫切。这就要求我们通过全面深化改革来补上政府职能转换不到位、市场体系不完善、企业改革不彻底等体制机制"短板"。上半年,坚定不移地下好改革先手棋。简政放权,改革大刀阔斧,财税改革、价格改革、国企改革等重点领域改革好戏连连,改革红利继续释放,经济发展后劲增强。"全面改革",正成为中国经济巨轮的新动力。

　　新常态,标志着中国经济进入了更高层次的发展阶段,由此带来的影响总体上是正面、积极的。只要我们科学看待新常态,积极适应新常态,中国经济发展必将频现新亮点,再展新画卷。

　　选自人民日报评论员:《经济形势闪耀新亮点——新常态下的中国经济》(上),《人民日报》,2014 年 8 月 5 日。

经济运行呈现新特征

　　上半年,经济形势闪耀新亮点,经济运行也呈现新特征。

　　告别了高歌猛进,中国经济步入新的运行轨道。进入新常态,增长速度换挡期、结构调整阵痛期、前期刺激政策消化期"三期"叠加,各种矛盾和问题相互交织。适应新常态,面对新问题,党中央、国务院运筹帷幄,全国人民迎难而上,经济运行总体平稳,保持稳中有进势头,出现积极变化。

——增速虽然放缓,实际增量可观。在经济下行压力加大的背景下,上半年经济总量增长7.4%,实属不易。经过30多年高速发展,中国经济已是一个巨人,总量基数很大,每增长一个百分点所代表的增量不可小看。按今年的经济增速目标计算,全年经济增量就约达5万多亿元,约相当于1994年全年的经济总量。更可喜的是,物价水平保持平稳,就业形势较好,民生继续改善,结构调整有新的进展。从高速增长转为中高速增长,是新常态的最基本特征。在速度换挡期,我们既要走出高速纠结,又要保持合理的增长速度,让经济运行长期处于合理空间。这样的经济增长,必须是就业和收入增加的增长,是实实在在没有水分的增长,是质量和效益提高的增长,是节能环保的增长。

——调整虽然艰难,升级已成大势。上半年,最终消费对经济增长的贡献超过投资,服务业增加值占比继续超过第二产业,高新技术产业和装备制造业增速明显高于全国工业平均增速,居民收入在国民收入分配中的比重提升,单位GDP能耗下降。这些变化延续了近年来结构调整的积极势头,显示经济结构正发生深刻变化。进入新常态,也进入了转型升级的关键时期,打造中国经济升级版,就要爬坡过坎,从粗放到集约,从低端到高端,结构调整的任务更加艰巨。结构调整不会一帆风顺,也会带来阵痛。我们要坚定方向,咬住青山不放松,统筹稳增长促改革调结构惠民生,政策协同配套,尽量减少阵痛,争取结构调整效益的最大化。

——调控虽然平稳,经济活力增强。上半年,稳增长的任务十分繁重,却没有采取强刺激的调控措施,宏观经济政策保持了连续性稳定性,坚持区间调控,突出定向调控,特别注重深化改革,大力推进简政放权,减税让利,增强企业活力,从而增强经济的内生动力。上半年,全国新登记注册市场主体593.95万户,增长16.71%,增速比上年同期提高8.41个百分点。经济新常态,需要创新宏观调控思路和方式,培育经济发展的持久动力。从根本上说,就是向改革要动力,向结构调整要助力,向民生改善要潜力;就是要

"激活力",把该放的权放到位,让市场主体真正放开手脚;就是要"补短板",把该做的事做好,增加公共产品有效供给;就是要"强实体",把该给的政策给足,夯实发展的微观基础。

新特征,新趋势。经济运行中呈现的新特征,表明中国经济正在走上转型升级、提质增效的新路子。新常态下的中国经济,已不再是昨天的故事,而是新的探索和创造。

选自人民日报评论员:《经济运行呈现新特征——新常态下的中国经济》(中),《人民日报》,2014 年 8 月 6 日。

经济发展迈入新阶段

上半年,经济形势闪耀新亮点,经济运行呈现新特征。种种信号和变化,表明我国经济发展正迈入新的阶段,出现了趋势性、不可逆的新常态。深刻认识新常态,积极适应新常态,才能站上新的历史方位、推动经济持续健康发展。

——科学认识新常态。经济进入新常态,是 30 多年高速发展的必然结果,是客观经济规律作用的体现。持续 30 多年的高速增长,成就巨大,难能可贵。还能不能继续保持那样的高速度? 应该说,是做不到、受不了、没必要。经济的潜在增长率下降,制约着速度高不上去了。资源环境压力加大,也难以承受过高的速度。党的十八大提出到 2020 年实现全面小康目标,国内生产总值比 2010 年翻一番,按这个目标算每年 7.5% 左右的速度就够了。随着人口结构变化、要素成本上升,会倒逼经济结构优化升级、发展转向创新驱动。正因为客观条件的变化,中国经济必然从高速增长转向中高速增长,从结构不合理转向结构优化,从要素投入驱动转向创新驱动,从隐含风险转向面临多种挑战。以中高速、优结构、新动力、多种挑战为主要特征的新常态悄然来到我们身边,正深刻改变中国经济的面貌。

——辩证看待新常态。新常态是进步,新常态是"富态",是中国经济进入更高层次发展阶段后才出现的状态。经过 30 多年高速发展,我国经济上了大台阶,体量大了,家底厚了,百姓生活改善了,今天我们才可以用更大的力量,去做过去想做却很难做的事情,推动中国经济迈上转型升级、提质增效这个更大的台阶。新常态面临多种挑战,更蕴含多种机遇。"三期"叠加,矛盾交织,房地产风险、地方债务风险、金融风险等隐患有所显现。但我们更应看到,新型工业化、信息化、农业现代化和城镇化"新四化"的不断推进,提供了巨大潜力和回旋空间,中国经济完全有条件、有能力保持较长时期的中高速增长,我们也完全有信心、有实力化解"成长的烦恼"。

——积极适应新常态。新常态有长期性,要求我们保持平常心。一是冷静理性,不急不躁,顺势而为。潜在增长率下降、经济增速放缓,不以人的意志为转移,需要保持战略定力,坚持区间调控、定向调控,轻易不搞强刺激,不踩大油门;同时又要坚持底线思维,应对各种不确定性因素带来的冲击,力求经济保持合理的增长速度,既不过速,也不失速。二是积极主动,开拓创新,尽力而为。新常态是新的探索,要创新宏观调控思路和方式,统筹稳增长促改革调结构惠民生防风险,以改革开路,充分发挥市场的决定性作用,激发企业和社会活力,培育经济发展的内生动力,加快经济转型升级结构优化,更好地改善民生。

新常态,新发展。面对新常态,我们要有冷静的心、坚定的心和火热的心,科学认识新常态,积极应对新常态,学会适应新常态,创造中国经济发展的新辉煌。

选自人民日报评论员:《经济发展迈入新阶段——新常态下的中国经济》(下),《人民日报》,2014 年 8 月 7 日。

适应新常态开创新局面

刚刚闭幕的中央经济工作会议,是党的十八届四中全会之后中央召开的一次重要会议。会议深入分析国际国内经济形势,认真总结今年经济工作,全面部署明年经济工作,尤其是对经济发展新常态做出系统性阐述,提出要认识新常态,适应新常态,引领新常态。这对于坚定信心、凝聚共识,做好明年和今后一个时期的经济工作具有重大而深远的意义。

今年以来,国际环境复杂多变,国内改革发展任务艰巨繁重。面对种种困难与挑战,以习近平同志为总书记的党中央统揽全局,沉着应对,牢牢把握发展大势,坚持稳中求进,全面深化改革,创新宏观调控思路和方式,实现经济社会持续稳步发展。全年经济运行处在合理区间,结构调整出现积极变化,深化改革开放取得重大进展,人民生活水平持续提高。

当前,我国已经进入经济发展新常态。面对新常态,既要深化理解、统一认识,又要坚持发展、主动作为。如此,才能顺应经济发展大势,与时俱进抓好经济工作。

新常态要有新认识。持续 30 多年高速增长后,需求、生产能力和产业组织方式、生产要素相对优势、市场竞争特点、资源环境约束、经济风险积累与化解、资源配置模式和宏观调控方式等已发生趋势性变化。随着发展进入新常态,增长速度正从高速转向中高速,发展方式正从规模速度型粗放增长转向质量效率型集约增长,结构调整正从增量扩能为主转向存量与增量并存的深度调整,发展动力正从传统增长点转向新增长点。当前和今后一个时期,要把思想和行动统一到中央对新常态的认识和判断上来,提高对新常态的认识,增强加快转变发展方式的自觉性。这是做好经济工作的前提。

新常态要有新思路。要充分认识到新常态下发展条件的变化,把转方式调结构放在更加重要的位置,以提高经济发展的质量和效益为中心,大力推进经济结构战略性调整。要更加重视满足人民需要,更加重视市场和消费心理分析,更加重视引导社会预期,更加重视加强产权和知识产权保护,更加重视发挥企业家才能,更加重视全面创新,更加重视提高人力资本素质,更加重视生态文明。能不能适应新常态,关键在于全面深化改革的实效,关键在于全面改革的力度、创新驱动的力度、破解难题的力度。因此,必须转变思路,勇于开拓,大刀阔斧改革创新,加快转变发展方式,切实转换发展动力。

新常态要有新作为。适应新常态,贵在主动。主动才能把握先机,主动才能大有作为。做好明年的经济工作,必须坚持稳中求进工作总基调,坚持以提高经济发展质量和效益为中心,狠抓改革攻坚,突出创新驱动。要努力实现经济稳定增长,保持宏观政策的连续性和稳定性,更有效率地发挥消费基础作用、投资关键作用和出口支撑作用,防范和化解风险。要积极发现培育新增长点,向结构调整要增长、要质量、要效益。要加快转变农业发展方式,大力调整优化农业结构。要优化经济发展空间格局,推进城镇化健康发展,推进节能减排和保护生态环境。要加强保障改善民生工作,做好就业和扶贫工作。

主动适应新常态,最重要的工作就是加快推进改革开放。今年是全面深化改革的第一年,各项改革积极有序推进,成为可圈可点的突出亮点。总体看,全面深化改革的态势已经形成,共识不断凝聚,效果正在显现。要坚定改革信心,加快推进经济体制改革,为经济社会发展提供好的制度安排。围绕发展中出现的问题推进改革,切实提高改革方案的质量,抓好改革措施落地。要完善扩大出口和增加进口政策,逐步实现国际收支基本平衡。

明年是全面推进依法治国的开局之年,是全面深化改革的关键之年,也是全面完成"十二五"规划的收官之年,做好经济工作意义重大。全党要适应经济发展新常态,统一思想,埋头苦干,奋发有为,认真贯彻会议各项部署,努力开创经济社会发展新局面。

选自人民日报社论:《主动适应新常态 奋力开创新局面》,《人民日报》,2014 年 12 月 12 日。

主动适应经济发展新常态

主动适应经济发展新常态,是中央经济工作会议提出的一项总体要求,对于准确把握发展大势、做好明年经济工作具有重要意义。

经济发展进入新常态,是中央审时度势做出的重大战略判断。今年以来,我国经济呈现速度变化、结构优化、动力转换三大特点,这是经济发展阶段性特征的必然反映,不以人的意志为转移。认识新常态,适应新常态,引领新常态,是当前和今后一个时期我国经济发展的大逻辑,也是做好经济工作的基本前提。新常态带来经济运行新特征、新规律、新要求,只有主动适应,科学把握,积极作为,才能抢占先机,推动经济发展提质增效升级。反之,如果被动应对甚至逆势而动,就可能错失良机,付出代价。

主动适应新常态,就要认清大势,顺势而为。新常态下"三期"叠加,经济发展速度必然会下降,但不会无限下滑;结构调整有阵痛,却是不得不过的关口;前期政策消化是必须的,但可以通过有效引导减缓各类风险的影响。目前,我国经济增速从高速转向中高速,增长结构由中低端转向中高端,发展动力从传统增长点转向新增长点。我们要历史、辩证地看待这些阶段性特征和趋势性变化,发展速度有升有降是正常的,只要波动在合理范围内,就应保持平常心,不必大惊小怪,做到观念上适应、认识上到位、方法上对路、工作上得力。

主动适应新常态,就要坚持发展,因势利导。新常态,新阶段,发展仍是第一要务。新常态没有改变我国发展仍处于可以大有作为的重要战略机遇期的判断,改变的是重要战略机遇期的内涵和条件;没有改变我国经济发展总体向好的基本面,改变的是经济发展方式和经济结构。虽然增长速度放慢了,但发展机会依然很多,我国经济韧性好、潜力足、回旋空间大,为明年和今后经济持续健康发展提供了有利条件。我们要用好新机遇,培育新增长点,在新常态下一心一意谋发展。

主动适应新常态,就要主动作为,乘势而上。新常态是发展水平的飞跃提升,中国经济正在向形态更高级、分工更复杂、结构更合理的阶段演化。新常态下的发展必须是有质量、有效益、可持续的发展,是以就业充分、效率提高、结构优化为支撑的发展。发展阶段的转变意味着经济领域"破"与"立"的转换,能不能适应新常态,关键看深化改革和结构调整的力度。要依靠促改革调结构,不断提高经济发展质量和效益,增强加快转方式的自觉性和主动性,狠抓改革攻坚,突出创新驱动,在速度下台阶的同时,力争质量上台阶,推动经济发展向中高端水平迈进。

　　明年经济工作任务繁重艰巨,我们要把思想行动统一到中央的认识和判断上来,主动适应新常态,积极挖掘新动力,努力创造新亮点,促进经济社会平稳健康发展。

　　选自人民日报评论员:《主动适应经济发展新常态—— 二论贯彻落实中央经济工作会议精神》,《人民日报》,2014 年 12 月 14 日。

3. 引领新常态

以新作为引领新常态

4 月中旬,今年一季度宏观经济数据陆续公布。许多经济指标都在人们预料之中,表明我国经济运行总体上仍处在合理区间。

"中国经济发展进入新常态,正从高速增长转为中高速增长,从规模速度型粗放增长转向质量效率型集约增长,从要素投资驱动转向创新驱动。"上月底博鳌亚洲论坛2015 年年会上,习近平主席重申中央对经济形势的判断。中国经济升级换挡、加力爬坡的进程正在展开。

面对大势,可顺不可逆;面对机遇,可用不可废。中国经济发展进入新常态,正是这样的大势和机遇。

怎样推动中国经济爬坡过坎,是一场新的考试,考验驾驭市场经济的智慧,检验掌控复杂局面的本领。新常态需要适应,更需要引领。2014 年,在世界经济复苏动力不足的情况下,我们实现了7.4%的增速,劳动生产率提高7%,单位国内生产总值能耗下降4.8%,消费对经济增长的贡献率上升3个百分点。发展质量和效益的不断提高,正是全国上下主动适应、积极引领新常态的结果。然而毋庸讳言,也有人一时半会儿转不过弯来,或多或少表现出换挡焦虑症。

今天的经济,某种程度上说是一种信心经济,社会预期对经济走向起着举足轻重的作用。面对新常态下的新变化,唯有变被动为主动,才能顶住下行压力,抓住新常态下的新机遇,实现新常态下的新作为。

以新作为引领新常态,首先要有坚定的自信。发展速度换挡,是我国经济向形态更高级、分工更复杂、结构更合理的阶段演化的必然。以我国经济现有体量,7%的增速所产生的实际增量,差不多相当于每年贡献了一个中等发达国家的经济总量,所聚集的动能是过去两位数的增长都达不到的,这表明我国经济增速"换挡不失势"。蹲下去才能跳得更高,上世纪以来各发达经济体伴随产业革命实现的经济转型,无不向我们昭示这一点。坚定信心,是祛除速度崇拜、换挡焦虑背后传统思维惯性的最好药方。

以新作为引领新常态,最重要的是务实进取。必须坚决破除以往的思维定势、行为惯性和路径依赖,牢牢扭住稳增长、调结构、惠民生、防风险这条主线,着力推动大众创业、万众创新,着力加大公共产品、公共服务投入力度,打造"双引擎"牵动经济发展的新格局。我们高兴地看到,经济结构中服务业占比继续提高,消费升级方兴未艾,企业内部创新步伐加快,市场新主体、新业态、新动力蓬勃发展,经济运行亮点频现。这些新变化都是干出来的。只有实干,我们才能跨沟迈坎,迎来百尺竿头的更进一步。

"坚决的信心,能使平凡的人们,做出惊人的事业。"国外经济学家认为,与其他发展中国家相比,中国可能是唯一从"借鉴型经济体"发展为具有独立研发创新能力的国家。坚定信心、脚踏实地、奋发有为,以新作为主动引领新常态,我们定能将中国经济的航船驶向新胜境。

选自人民日报评论员:《以新作为引领新常态——一论如何看待新常态下新变化》,《人民日报》,2015年4月16日。

遵循逻辑 主动引领经济发展新常态

处大事贵乎明而能断,临大势贵在顺而有为。

"认识新常态、适应新常态、引领新常态,是当前和今后一个时期我国经济发展的大逻辑,这是我们综合分析世界经济长周期和我国发展阶段性特征及其相互作用作出的重大判断。"贯彻落实中央经济工作会议精神,关键就要把思想和行动统一到党中央重大判断和决策部署上来,遵循大逻辑,顺应大趋势,不断增强和发挥引领经济发展新常态的积极性、主动性、创造性。

"一了千明,一迷万惑"。引领经济发展新常态,首先要解决"怎么看"的问题。"物之所在,道则在焉。"我国经济正从粗放向集约、从简单分工向复杂分工的高级形态演进,这是经济发展规律的客观要求,再按照过去那种粗放型发展方式来做,总有一天会走进死胡同。面对比较严重的结构性产能过剩这个绕不过去的历史关口,抓住时机进行战略性调整就能顺利过关。面对深刻的供给侧、结构性、体制性矛盾,加大结构性改革力度、提高供给结构适应性和灵活性、提高全要素生产率就能有效化解。只有彻底抛弃用旧的思维逻辑和方式方法再现高增长的想法,摆脱"速度情结""换挡焦虑"的思维定势,加快转变经济发展方式,加快调整经济结构,加快培育形成新的增长动力,才能跨越"中等收入陷阱",发挥我国经济巨大潜能和强大优势,引领我国经济迈上新台阶。

引领经济发展新常态,重心是解决"怎么干"的问题。中央经济工作会议提出了实现多方面工作重点转变的"十个更加注重",可以说是引领新常态的方法论、实践论。比如,过去主要看增速有多快,现在就要看发展质量和效益有多好;过去有的城镇化"见物不见人",现在就要注重以人为核心、回到让更多人口融入城镇这个本源上来。这样的转变中,蕴含的是思维和方法的转换。再比如,供给侧矛盾突出,要着力加强供给侧结构性改革;保障和改善民生,要更加注重对特定人群特殊困难的精准帮扶。这样的转变,是工作要求和侧重点的变化。总之,顺应新常态这个大势,做到"十个更加注重",就能有力引领经济发展新常态,推动经济持续健康发展。

会不会遵循大逻辑,能不能有新作为,是对各级干部的重大考验。进入新常态,不少同志认识逐步深入、适应更加主动、引领已经开始。但也有一些同志不知道怎么干为好,正所谓"老办法不能用,新办法不会用"。的确,对新常态有一个深化认识和逐步适应的过程,但适应一定要雷厉风行、殚思极虑,适应得越快越好,不能坐着等、站着看。现在,中央经济工作会议已经深入回答了对新常态怎么看、新常态下怎么干的问题。结合本地实际深刻领会、认真贯彻,锐意改革、大胆创新,就能在引领新常态中有所作为、大有作为,使我国经济增长巨大潜力转变为现实,让"中国号"巨轮行稳致远。

选自人民日报评论员:《遵循逻辑 主动引领经济发展新常态——三论贯彻落实中央经济工作会议精神》,《人民日报》,2015 年 12 月 25 日。

以新理念把握引领新常态

"贯彻落实党的十八届五中全会精神要聚焦发力,首先必须下功夫领会好、领会透"。在省部级主要领导干部学习贯彻十八届五中全会精神专题研讨班上,习近平总书记从党和国家发展全局高度,联系理论和实践、纵观历史和现实,对经济发展新常态、新发展理念、供给侧结构性改革等重大问题作出深刻阐述,对落实好新发展理念提出明确要求。习近平总书记的重要讲话,丰富和发展了中国特色社会主义政治经济学,对于我们深入学习领会和贯彻落实五中全会精神,特别是深入学习领会和贯彻落实创新、协调、绿色、开放、共享的发展理念,确保如期实现全面建成小康社会奋斗目标,具有重大指导意义。

明大势才能谋大事。"十三五"时期,我国经济发展的显著特征就是进入新常态。全面认识和把握新常态,需要从空间和时间大角度审视我国发展。从时间上看,我国发展经历了由盛到衰再到盛的几个大时期,今天的新常态是这种大时期更替变化的结果。从空间上看,我国出口优势和参与国际产业分工模式面临新挑战,经济发展新常态是这种变化的体现。可以说,新常态是我国经济向形态更高级、分工更优化、结构更合理的阶段演进的必经过程。我们要因势而谋、因势而动、因势而进,把适应新常态、把握新常态、引领新常态作为贯穿发展全局和全过程的大逻辑,更好发挥主观能动性,更有创造精神地推动发展。

新常态要有新作为,新作为要有新理念。新常态下,我国经济增长速度要从高速转向中高速,发展方式要从规模速度型转向质量效率型,经济结构要从增量扩能为主转向调整存量、做优增量并举,发展动力要从主要依靠资源和低成本劳动力等要素投入转向创新驱动。实现这样广泛而深刻的变革并不容易,对我们是一个新的巨大挑战。理念是行动的先导,发展理念引领发展实践。我们党提出的创新、协调、绿色、开放、共享五大发展理念,集中体现了今后五年乃至更长时期我国的发展思路、发展方向、发展着力点,深刻揭示了实现更高质量、更有效率、更加公平、更可持续发展的必由之路。以新理念把握引领新常态,坚持变中求新、新中求进、进中突破,才能破解发展难题、增强发展动力、厚植发展优势,推动我国经济发展不断迈上新台阶。

以新理念把握引领新常态,关键要按照习近平总书记的要求,做到"五个着力":着力实施创新驱动发展战略,抓住创新这一牵动经济社会发展全局的"牛鼻子",把发展基点放在创新上;着力增强发展的整体性协调性,把握"协调"这一决胜全局的制胜要诀,处理好局部和全局、当前和长远、重点和非重点的关系;着力推进人与自然和谐共生,推动形成绿色发展方式和生活方式,协同推进人民富裕、国家强盛、中国美丽;着力形成对外开放新体制,不断探索实践,提高把握国内国际两个大局的自觉性和能力,提高对外开放质量和水平;着力践行以人民为中心的发展思想,做到发展为了人民、发展依靠人民、发展成果由人民共享,不断朝着全体人民共同富裕的目标前进。

理念一变天地宽。改革开放以来,我们党总是根据形势和任务的变化适时提出相应的发展理念和战略,引领和指导发展实践,每一次发展理念的创新,都推动实现了发展的新跨越,实现了发展的"螺旋式上升"。今天,以新理念把握引领新常态,在认识上更加到位、行动上更加自觉、工作上更加有为,我们就能深学笃用、聚焦发力,让新发展理念落地生根,变成普遍实践,不断开拓发展新境界。

选自人民日报评论员:《以新理念把握引领新常态——一论学习贯彻习近平同志在省部级专题研讨班上重要讲话》,《人民日报》,2016 年 1 月 22 日。

4.五问中国经济

一问：经济增长速度回落

增速回落是经济进入新常态的一个重要特征，但这是一个让人"不难受"的速度，既有"面子"又有"里子"。总的看，今年以来的经济增速符合《政府工作报告》提出的预期目标，经济运行在意料之中，仍处合理区间。

问：年初以来，我国经济增速出现进一步回落。4月30日的中共中央政治局会议提出"一季度经济增长与预期目标相符"。对当前的增长速度究竟应当怎么看？

权威人士：增速回落是经济进入新常态的一个重要特征。今年以来，在错综复杂的国内外环境下，中央坚持稳中求进的工作总基调，创新宏观调控方式，以全面深化改革促发展、调结构、惠民生，赢得了来之不易的成绩。总的看，经济增速符合《政府工作报告》提出的预期目标，当前经济运行在意料之中，仍处合理区间。

以一季度为例，虽然增速有所回落，但这是一个让人"不难受"的速度，用老百姓的话讲就是既有"面子"又有"里子"。从主要经济指标看，一季度GDP增长7%，合乎预期，在全球范围是很快的，而且在基数较大的情况下，我们的增量也较大；城镇新增就业324万人，就业形势平稳；城乡居民收入水平同比增长8.1%，各项民生指标继续明显改善。一系列重大改革举措相继出台，一些新增长点破茧而出。经济金融风险总体可控，社会大局稳定。

尤其要看到,在增速放缓的同时,经济发展质量得到进一步提高,结构调整稳步推进,转型升级势头良好,出现了新的积极变化。产业结构方面,服务业跑出了"加速度",经济结构由工业主导向服务业主导转型的趋势更明显。需求结构方面,投资增速虽有放缓,但消费增长比较稳健。收入分配结构也在持续改善,农民收入增速继续快于城里人,城乡居民的收入倍差在缩小。一季度单位 GDP 能耗同比降了 5.6%。一些新主体、新产业、新业态、新产品、新动力在加快孕育。

经济发展中的一些问题,短周期看可能是严峻的,需要认真对待,但从更长周期看,又是不可避免的阶段性现象。我国经济发展基本面是好的,有世界最高的居民储蓄率和最大的宏观经济政策空间,经济韧性大,制度优越性明显。只要把握好,就出不了大问题。

问:对于目前的增长态势,社会反应总体上还比较从容,但也存在一些担忧和疑虑。如何判断中国经济前景?

权威人士:分析经济形势,要用历史的眼光,坚持短、中、长期结合,才能得出正确结论。"横看成岭侧成峰,远近高低各不同",把一件东西摆近了看,往往会感觉很大;把它放远些看,就会显得很小。经济发展中的一些问题,短周期看可能是严峻的,需要认真对待,但从更长周期看,它们又是不可避免的阶段性现象。我国经济下行压力不小,但并未出现断崖式的急速下滑,历史上曾出现过的经济波动幅度也比现在大。我国经济发展基本面是好的,有世界最高的居民储蓄率和最大的宏观经济政策空间,经济韧性大,制度优越性明显。只要把握好,就出不了大问题。

经济增长说到底是为了让人民生活更美好,"有活干,有钱挣",人民群众能够对当前增长态势充分理解,这是中国经济发展最大的底气。我们既要看到光明的前景,又要正视眼下的困难,一方面坚定信心,顶住压力;一方面积极应对,抢抓机遇,持续推进经济结构战略性调整。

二问：经济运行走势分化

"几家欢乐几家愁"，本质上是结构调整正逐步深化。综合看，凡是主动适应新常态，注重调整结构、需求分析、创新驱动和质量效益的，努力走向产业中高端的，发展势头都不错；反之，压力都比较大。

问：今年经济运行的另一个显著特征是走势分化，为什么会有这样的现象？

权威人士：当前确实存在经济运行走势分化，可谓"几家欢乐几家愁"。为何会这样？因为全球供求格局变化了，国内又进入"三期"叠加阶段，调整是不可避免的也是必须的，调整必然带来分化。

从区域看，东部地区调结构动手较早，开始企稳向好，有的甚至较为乐观，对在新常态下爬坡过坎信心更足了；而部分地区，包括一些能源资源大省、前些年主要靠投资拉动增长的地区，经济下行压力持续加大。有的也知道要转方式，不转不行了，但还要一个过程。从产业看，产能过剩行业和"两高一资"行业用电、生产、投资、效益等指标下降，而高技术产业、现代服务业的增长相对强劲。从企业看，一些技术含量低、产品缺特色、调整不及时的企业生产经营普遍困难，有的已停产半停产；而善于捕捉市场机会，重视满足个性化需求、有品牌价值、搞技术创新的企业日子比较好过。

走势分化，本质上是结构调整正逐步深化。综合看，凡是主动适应新常态，注重调整结构、需求分析、创新驱动和质量效益的，努力走向产业中高端的，发展势头都不错；反之，压力都比较大。

结构调整是新常态更本质的特征，等不得、熬不得，也等不来、熬不起。经济发展总是波浪式前进、螺旋式上升，我们要扭住调结构不放松，不必太纠结于一两个百分点的起落，更不能以焦虑心态稳增长，结果事与愿违。

问：目前，去库存、去产能、去杠杆的进程在继续，其间也伴随着痛苦，这对中国经济意味着什么？

权威人士：结构调整是新常态更本质的特征，调结构必然带来阵痛，需求结构、生产结构、企业组织结构、产品结构、商业模式等目前都在进行较大幅度的调整,产业重组加快。同时,部分领域、产业和地区经济风险有所加大。必须看到,结构调整是一个需要不断往前推的过程,也是一个不以人的意志为转移的过程,这一关我们不得不闯过去。结构调整等不得、熬不得,也等不来、熬不起,只能主动调、主动转。早调早转就主动,晚调晚转必然被动。这么多年来,我国经济就是在一次次闯关夺隘中发展壮大的,一年有一年的问题,不可能都一马平川、一帆风顺。经济发展总是波浪式前进、螺旋式上升,我们要扭住调结构不放松,不必太纠结于一两个百分点的起落,更不能以焦虑心态稳增长,结果事与愿违。

三问:经济下行压力较大

经济下行压力较大有其必然性,我们要高度重视应对,但也不必惊慌失措。宏观政策要保持定力,稳字当头,并注重“三个结合”,即近期和长期相结合、发展和改革相结合、国内和国际相结合。

问:目前的经济下行压力备受关注,不少企业生产经营困难,有的问题还在发酵。您认为该如何应对?

权威人士:当前我国经济下行压力较大,要看到其必然性。这里面有经济发展进入新常态、新旧增长动力尚未完成转换的因素,也有外部需求收缩、内部“三期”叠加多种矛盾聚合的因素;有经济环境变化等客观因素,也有一些主观因素。从现状看,总需求低迷和产能过剩并存还会延续一段时间,对此要有充分的准备,拿出给力的措施。

我们要高度重视应对下行压力,但也不必惊慌失措。宏观政策要保持定力,稳字当头,并注重“三个结合”:

一是近期和长期相结合。以牺牲资源环境为代价的老路子行不通了,继续加大对产能过剩行业投资、增加未来调整压力的增长也要不得,近期采取的稳增长政策要有利于长期发展政策目标,有利于经济结构战略性调整和产业优化升级,避免引发更多矛盾,调结构、促升级的政策也要有利于短期增长,二者应当结合起来。不能为了眼前刺激增长就不顾结构、质量和效益了,对调结构有好处的促发展措施也要该出手时就出手。

二是发展和改革相结合。发展政策要符合改革目标要求,也要通过改革举措来落实,改革举措要以发展为导向,多出台一些有利于经济持续健康发展的改革举措。有一些改革措施可以提早出台,有一些改革措施从长远讲是好的,但当前可能会加重企业负担或者产生一些负面影响,需要慎重权衡。

三是国内和国际相结合。在经济全球化的大背景下,我国经济与世界经济越来越相互依存,宏观政策既要考虑国内因素,也要统筹好国内国际两个大局。

投资本身要有可持续性,解决好投什么、钱从哪里来的问题。消费要立足我国基本国情,有针对性地挖掘潜力,使消费者敢花钱、愿花钱。

问:在外需低迷的情况下,投资和消费是拉动经济增长的两驾重量级"马车",能否在这方面释放更多动力?

权威人士:投资对经济增长具有关键作用,这就要求投资本身有可持续性,解决好投什么、钱从哪里来的问题。首先是方向,必须选对项目,力求有市场,有长期回报,把好钢用在刀刃上,投入到符合发展方向的地方。其次是资金来源,我国经济发展到现在这个阶段,能不能把储蓄转化为有效投资是支撑稳增长的关键。目前居民储蓄率很高,海量资金无处可去,人们难以获得可持续的财产性收入;可另一方面,实体经济和重大建设项目缺乏资金保障。所以,财税、金融、投融资体制改革必须整体推进,特别是要打通投融资渠道,挖掘民间资金潜力,让更多储蓄转化为投资。

消费对经济增长具有基础性作用。适当调工资、增收入、完善社保制度都是必须的,同时要立足我国基本国情,有针对性地挖掘消费潜力。在城镇化加快推进的过程中,大量人口由农村流向城镇,满足他们的生活需要,将会进一步扩大消费。数千万贫困人口消费倾向最高,加强精准扶贫,增加他们的收入,可以转化为新的消费热点。对于收入水平较高的人群,应提高消费品质量和社会服务水平,使消费者敢花钱、愿花钱。中国消费者的购买力是可观的,一个黄金周就能在境外刷新人家的销售纪录,关键是我们要有令人心动的有效供给,有让人心安的产品质量。现在,个性化、多样化消费渐成主流,对质量好、服务好的消费品和服务性产品需求很旺,如果能有效激活,会形成巨大的增长动力,留住宝贵的消费资源。

总需求收缩的局面短期内很难改变。走出困境,化危为机,归根到底靠创新,靠转方式调结构。要有"功成不必在我"的劲头。与其临渊羡鱼,不如退而结网。

问:除了适度扩大需求,缓解下行压力的根本之策是什么?

权威人士:无论从国内还是从全球看,总需求收缩的局面短期内很难改变。靠熬是熬不过去的,靠刺激也不可能完全克服。走出困境,化危为机,归根到底要靠创新,靠转方式调结构。中央就实施创新驱动发展战略作了多项部署,关键是抓好落实,抓紧推进。这要有"功成不必在我"的劲头,有的可能需要两三年,乃至更长的时间,在一定时期内不要说全面收获,可能早期收获都见不到。但是,与其临渊羡鱼,不如退而结网。"没有夕阳产业,只有夕阳技术"。创新是点燃经济发展的新引擎,现在势头很好,我们要浓墨重彩做好这篇大文章,激发全社会拥抱"创时代"。

四问:经济运行风险防控

从一定意义上说,防风险就是稳增长。当前经济风险总体可控,但对以高杠杆和泡沫化为主要特征的各类风险仍要引起高度警惕。实现今年经济发展预期目标,须把握好稳增长和控风险的平衡,牢牢守住不发生系统性、区域性风险的底线。

问:随着经济增速放缓,各类隐性风险逐步显性化,呈现高杠杆状态。怎么看待这些风险?在防控风险中需要注意什么?

权威人士:风险防控对于经济持续健康发展意义重大。从一定意义上说,防风险就是稳增长。不出风险,经济就能保持稳定增长。

当前经济风险总体可控,但对以高杠杆和泡沫化为主要特征的各类风险仍要引起高度警惕,借债还钱,天经地义。我国广义信贷和 GDP 之比是176%,比 2008 年上升了 63 个百分点。从结构看,这几年债务增长最快的是非金融类企业,其债务余额已占到 GDP 的 125%,在世界上处于高水平。高杠杆企业主要来自产能过剩行业、房地产行业、部分国有企业,要高度关注这些行业和地方政府债务增长的情况。在经济运行走势分化的大背景下,如果一些地区出现连续性下滑,也可能对就业带来较大影响。

实现今年经济发展预期目标,要把握好稳增长和控风险的平衡,特别注意防范和化解各类风险,牢牢守住不发生系统性、区域性风险的底线。中央已经对化解产能过剩做出全面部署,要继续稳步有序推进这项工作,有些不得不破产的企业应依法、规范、有序处置。化解产能过剩不能冒进求成,但也不能裹足不前,应当区别对待,积极稳妥。楼市正面临痛苦的去库存化阶段,有效消化房地产市场库存是一个现实问题,既关系到启动需求,又关系到化解风险。要抓住市场调整的有利时机,顺应推进新型城镇化的大势,建立房地产市场健康发展的长效机制。从微观看,局部的风险该释放的也要及时释放,打破刚性兑付,反而有利于降低长期和全局风险。

五问:宏观调控着力点

把握好分寸,是宏观调控的关键,既不过头,也避免不及。在加大力度稳增长的同时,要坚定不移调结构、防风险、化解过剩产能、治理生态环境、努力改善民生,正确处理好这几者之间的关系。如果采取大规模强刺激和拼投资等老办法,可能会积累新的矛盾,使包袱越背越重。

问:对于当前经济形势,也不乏认为要进行"强刺激"的声音。宏观调控应当如何着力?

权威人士:我国已进入经济发展新常态,现实中的经济现象、经济矛盾、经济特点比我们已知的要复杂得多,宏观调控也需要适时转变思路、不断创新方式。总体上还是稳字当头,坚持稳中求进的总基调,坚持宏观政策要稳、微观政策要活、社会政策要托底的总体思路,同时注重统筹协调、均衡搭配。

把握好分寸,是宏观调控的关键,既不过头,也避免不及。今年的宏观政策主要注重两点:一是用多大力度,二是采取什么样的有效措施。宏观政策要有一定力度,达到稳增长的效果,确保经济运行处在合理区间。但是,如果采取大规模强刺激和拼投资等老办法,可能会积累新的矛盾,使包袱越背越重,结构调整步履维艰。我们不是不要 GDP,而是要有质量、有效益的GDP,这是"发展是硬道理"战略思想的内在要求。

因此,既要加大力度稳增长,又要坚定不移调结构、防风险、化解过剩产能、治理生态环境、努力改善民生,正确处理好这几者之间的关系。通过实施积极的财政政策和稳健的货币政策,防止经济增速滑出底线。积极的财政政策要名副其实,在增加公共支出的同时,加大降税清费力度。目前企业生产经营成本全面上升,财政政策要把为企业减负担、降成本作为政策重点,谨防出现经济放缓、企业利润减少但税负增加的"逆周期"现象。稳健货币政策要把好度,疏通货币政策向实体经济的传导渠道,把钱花到实体经济上去。现在价格总水平涨幅较低,常规性的财政货币政策空间有所加大,但也不能放水漫灌,而要注意"度",注重精准滴灌,既有利于经济增长和结构调整,又防止增加宏观经济的总负债率和杠杆率,在稳增长和降杠杆之间找到平衡点。

当前社会心理预期处于敏感阶段,明确的政策信号是稳预期的关键。要坚持"三个不变"。

问:稳定的经济离不开稳定的预期。请问在稳定社会预期方面,还需要做些什么?

权威人士:受复杂局面和多种因素影响,当前社会心理预期处于敏感阶段,稳定预期至关重要。市场预期与经济发展可以彼此促进、良性循环。预期稳,信心增,有利于激发全社会创业创新的热情,增强市场主体的活力,进而转化为经济发展的重要动力。明确的政策信号是稳预期的关键。应当看到,党和政府推进市场化改革的方向是明确的,对企业家的支持是一贯的。坚持以公有制为主体,多种所有制经济共同发展,是社会主义初级阶段的基本经济制度。中央坚持国有企业改革方向没有变,保护民营企业产权方针没有变,坚持对外开放和利用外资政策也没有变。

　　选自《五问中国经济（权威访谈）——权威人士谈当前经济形势》,《人民日报》,2015 年 5 月 25 日。

5. 七问供给侧结构性改革

去年年底召开的中央经济工作会议,对"十三五"开局之年的经济工作进行了全面部署,强调要着力推进供给侧结构性改革,推动经济持续健康发展。如何认真学习、深刻领会、正确贯彻中央经济工作会议精神,围绕推进供给侧结构性改革这条主线,做好新一年经济工作? 近日,权威人士接受本报独家专访,对"供给侧结构性改革"做了解读和阐释。

一问 如何正确理解"供给侧结构性改革"的政策含义?

推进供给侧结构性改革,既有明确的理念,也有清晰的思路,还有具体的任务。要坚定地干、大胆地干、扎实地干、精准地干、决不回头地干。

不是实行需求紧缩,供给和需求两手都得抓,但主次要分明,当前要把改善供给结构作为主攻方向。

不是搞新的"计划经济",而是为了更好发挥市场在资源配置中的决定性作用,明确政府的权力边界。

权威人士:对于供给侧结构性改革,现在有各种解读。从国情出发,我们不妨用"供给侧 + 结构性 + 改革"这样一个公式来理解,即从提高供给质量出发,用改革的办法推进结构调整,矫正要素配置扭曲,扩大有效供给,提高供给结构对需求变化的适应性和灵活性,提高全要素生产率,更好满足广大人民群众的需要,促进经济社会持续健康发展。

推进供给侧结构性改革,既有明确的理念,也有清晰的思路,还有具体的任务。各地区各部门要按照创新、协调、绿色、开放、共享"五大发展理念"的要求,适应经济发展新常态,实行宏观政策要稳、产业政策要准、微观政策要活、改革政策要实、社会政策要托底的总体思路,围绕去产能、去库存、去杠杆、降成本、补短板"五大重点任务",坚定地干、大胆地干、扎实地干、精准地干、决不回头地干。

正确理解供给侧结构性改革,要消除两种误解:

一种误解是,认为推进供给侧结构性改革就是实行需求紧缩。供给和需求不是非此即彼的关系,两者互为条件,相互转化,两手都得抓,但主次要分明。当前经济周期性矛盾和结构性矛盾并存,但主要矛盾已转化成结构性问题。因此,必须在适度扩大总需求和调整需求结构的同时,着力加强供给侧结构性改革,把改善供给结构作为我们的主攻方向,实现由低水平供需平衡向高水平供需平衡跃升。当然,推进供给侧结构性改革过程中,需要营造稳定的宏观环境,在需求政策上既不能搞强刺激,也要防止出现顺周期紧缩。

还有一种误解是,认为推进供给侧结构性改革是搞新的"计划经济"。恰恰相反,供给侧结构性改革就是要充分发挥市场在资源配置中的决定性作用,通过进一步完善市场机制,矫正以前过多依靠行政配置资源带来的要素配置扭曲。为此,要调整各类扭曲的政策和制度安排,进一步激发市场主体活力,更好发挥市场在资源配置中的决定性作用。这是社会主义市场经济在新形势下的完善和深化,决不是要回到计划经济的老路上。过去正是由于市场机制的作用发挥得不够,政府干预过多,导致市场不能及时出清,引发各种结构性矛盾。比如,一些没效益的"僵尸企业",有些地方非要硬撑着给贷款、给补贴。

当然,下好供给侧结构性改革这盘大棋,也要更好发挥政府这只手的作用。当前最重要的是明确政府的权力边界,以自我革命的精神,在行政干预上多做"减法",把"放手"当作最大的"抓手"。同时,"放手"不是"甩手",政府也要切实履行好宏观调控、市场监管、公共服务、社会管理、保护环境等基本职责。扩大开放是改革的题中之义,我们要创造更好的投资环境,吸引更多的外资。现在,美欧等发达国家都在吸引我国的投资,我们有什么理由认为我国的外资多了!

二问当前为什么要强调供给侧结构性改革?

从"三期"叠加到"新常态",再到供给侧结构性改革,是一个不断探索、深化认识的过程。

推进供给侧结构性改革,是正确认识经济形势后选择的经济治理药方。不论主观上怎么想,都不能违背客观规律。不抓紧转变,总有一天会走进死胡同。

"四降一升"等突出矛盾和问题主要是结构性的。在当前形势下,国民经济不可能通过短期刺激实现 V 型反弹,可能会经历一个 L 型增长阶段。解决中长期经济问题,传统的凯恩斯主义药方有局限性,根本之道在于结构性改革。

权威人士:推进供给侧结构性改革,是以习近平同志为总书记的党中央在综合分析世界经济长周期和我国发展阶段性特征及其相互作用的基础上,集中全党和全国人民智慧,从理论到实践不断探索的结晶。

从"三期"叠加到"新常态",再到供给侧结构性改革,是一个不断探索、深化认识的过程。2013 年,中央认为我国经济进入"三期"叠加阶段,明确了我们对经济形势应该"怎么看"。2014 年,中央提出经济发展"新常态",对此做了系统性理论论述,既进一步深化了"怎么看",又为"怎么干"指明了方向。2015 年,中央财经领导小组第十一次会议提出要推进"供给侧结构性改革",既深化了"怎么看"和"怎么干"的认识,又进一步明确了主攻方向、总体思路和工作重点。2015 年 12 月召开的中央经济工作会议,对供给侧结构性改革从理论思考到具体实践都做了全面阐述,从顶层设计、政策措施直至重点任务都做出了全链条部署。

推进供给侧结构性改革,是大势所趋、形势使然。这是正确认识经济形势后,选择的经济治理药方。我国经济正从粗放向集约、从简单分工向复杂分工的高级形态演进,这是客观要求。我们不论主观上怎么想,都不能违背客观规律。粗放型经济发展方式曾经在我国发挥了很大作用,但现在再按照过去那种粗放型发展方式来做,不仅国内条件不支持,国际条件也不支持,是不可持续的。不抓紧转变,总有一天会走进死胡同。这一点一定要认识到位。要发挥我国经济巨大潜能和强大优势,必须加快转变经济发展方式,加快调整经济结构,加快培育形成新的增长动力。通过转变经济发展方式实现持续发展、更高水平发展,这是中等收入国家跨越"中等收入陷阱"必经的阶段。

推进供给侧结构性改革,是问题倒逼、必经关口。处于转型期的中国,经济发展长期向好的基本面没有变,经济韧性好、潜力足、回旋余地大的基本特征没有变,经济持续增长的良好支撑基础和条件没有变,经济结构调整优化的前进态势没有变。但在前进的道路上,我们必须破除长期积累的一些结构性、体制性、素质性突出矛盾和问题。这些突出矛盾和问题近期主要表现为"四降一升",即经济增速下降、工业品价格下降、实体企业盈利下降、财政收入增幅下降,经济风险发生概率上升。这些问题主要不是周期性的,而是结构性的。比如,如果产能过剩这个结构性矛盾得不到解决,工业品价格就会持续下降,企业效益就不可能提升,经济增长也就难以持续。目前,我国相当多的产能是在世界经济增长黄金期面向外需以及国内高速增长阶段形成的,在应对国际金融危机冲击中一些产能又有所扩大。在国际市场增长放缓的情况下,仅仅依靠刺激国内需求难以解决产能过剩问题,这就相当于准备了两桌饭,就来了一桌客人,使劲吃也吃不完。这个问题不仅我们遇到了,其他国家也遇到了。认识供给侧结构性改革,说到底,就是要看到在当前全球经济和国内经济形势下,国民经济不可能通过短期刺激实现 V型反弹,可能会经历一个 L 型增长阶段。致力于解决中长期经济问题,传统的凯恩斯主义药方有局限性,根本解决之道在于结构性改革,这是我们不得不采取的重大举措。

三问 推进供给侧结构性改革是适应和引领经济发展新常态的重大创新,各项工作重点应该怎样转变?

以"十个更加注重"为标尺,对不上的事不能再干,对得上的事要加把劲干、创造性地干。化大震为小震,积小胜为大胜。

权威人士:中央经济工作会议提出,适应和引领经济发展新常态,推进供给侧结构性改革,要努力实现十个方面工作重点的转变。这就是:推动经济发展,要更加注重提高发展质量和效益;稳定经济增长,要更加注重供给侧结构性改革;实施宏观调控,要更加注重引导市场行为和社会心理预期;调整产业结构,要更加注重加减乘除并举;推进城镇化,要更加注重以人为核心;促进区域发展,要更加注重人口经济和资源环境空间均衡;保护生态环境,要更加注重促进形成绿色生产方式和消费方式;保障改善民生,要更加注重对特定人群特殊困难的精准帮扶;进行资源配置,要更加注重使市场在资源配置中起决定性作用;扩大对外开放,要更加注重推进高水平双向开放。

在工作实践中,各地区各部门都要以"十个更加注重"为标尺,对不上的事不能再干,对得上的事要加把劲干。比如,放水漫灌强刺激、盲目扩建新城区以及强化行政对资源配置的干预等事情不能再干了,投资没回报、产品没市场、环境没改善等项目不能再上了。相反,有利于引导社会心理、化解产能过剩、提升技术水平、加快人口城镇化、促进要素自由流动、提高扶贫精准度等事情要使劲地干,创造性地干,拙劲加巧劲地干,努力化大震为小震,积小胜为大胜。

四问 推进供给侧结构性改革,如何正确把握宏观经济政策的总体思路?

宏观政策要稳、产业政策要准、微观政策要活、改革政策要实、社会政策要托底。"五大政策支柱"整体融合、有机结合、相互配合,为推进供给侧结构性改革营造更好的环境和条件。

权威人士：前面说到，当前和今后一个时期，要在适度扩大总需求的同时，着力加强供给侧结构性改革，实施"五大政策支柱"，即宏观政策要稳、产业政策要准、微观政策要活、改革政策要实、社会政策要托底。这"五大政策支柱"的具体内容已经公布并得到各方面广泛认可，但如何更加准确地加以把握还需要进一步明确。"五大政策支柱"整体融合、有机结合、相互配合，旨在为推进供给侧结构性改革营造更好的环境和条件：

宏观政策要稳，就是要为结构性改革营造稳定的宏观经济环境。要坚持积极的财政政策和稳健的货币政策，但重点和力度有所调整。积极的财政政策要加大力度，对企业实行减税，并用阶段性提高财政赤字率的办法弥补收支缺口。稳健的货币政策要灵活适度，主要体现在为结构性改革营造适宜的货币金融环境，降低融资成本，既要防止顺周期紧缩，也绝不要随便放水，而是针对金融市场的变化进行预调微调，保持流动性合理充裕和社会融资总量适度增长。

产业政策要准，就是要按照结构性改革的方向和要求，通过功能性的产业政策加以引导，而不是政府去确定具体项目，或选择把钱投向哪一家企业，具体的投资机会还要由企业家来摸索和把握。实践证明，市场的选择是最有效益的。现在成功的民营企业有哪一家是政府扶持的？都是在市场经济大潮中闯出来的。正所谓"有心栽花花不开，无意插柳柳成荫"。

微观政策要活，就是要把企业真正当作经济发展的主体，"放水养鱼"，让企业去创造有效供给和开拓消费市场。

改革政策要实，就是要一项一项出台、一项一项督导，让各项具体改革举措落地，促进供给侧结构性改革重大决策的落实。

社会政策要托底，就是要从思想、资金、物资等方面有充分准备，切实守住民生底线，为供给侧结构性改革提供更和谐稳定的社会环境。

五问供给侧结构性改革的重点任务是什么?

完成好去产能、去库存、去杠杆、降成本、补短板"五大重点任务",既要有绵绵用力、久久为功的韧劲,也要有立说力行、立竿见影的狠劲。

做好"加减乘除"。长期看各项任务都有利于增强发展动力,短期看不同任务之间有"对冲"作用,必须全面推进,并把握好"度"。当务之急是斩钉截铁处置"僵尸企业",坚定不移减少过剩产能,让"僵尸"入土为安。

病根都是体制问题,都要依靠改革创新来化解。

权威人士:推进供给侧结构性改革,战略上我们要着眼于打好持久战,坚持稳中求进,把握好节奏和力度;战术上我们要抓住关键点,致力于打好歼灭战,主要是抓好去产能、去库存、去杠杆、降成本、补短板"五大重点任务"。完成这"五大重点任务",既需要有绵绵用力、久久为功的韧劲,也需要有立说力行、立竿见影的狠劲,确保 2016 年过剩产能和房地产库存减少,企业成本上涨和工业品价格下跌势头得到遏制,有效供给能力有所提高,财政金融风险有所释放。

完成好"五大重点任务"要做好"加减乘除"。"五大重点任务"是一个系统设计,要着力在"优化存量、引导增量、主动减量"上下功夫。从长期看,各项任务都有利于增强发展动力;从短期看,不同任务之间又具有"对冲"作用。比如,化解房地产库存对增长是明显的"加法",可以减缓去产能带来的"减法"效应。而去产能又会调整供求关系,防止出现宏观经济通缩效应。因此,"五大重点任务"必须全面推进。当然,落实到一个地区,又会有所侧重,关键在于把握好"度"。当前,做"加法"相对容易理解,做"减法"困难会大一些,但必须做下去。当务之急是斩钉截铁处置"僵尸企业",坚定不移减少过剩产能,让"僵尸"入土为安,腾出宝贵的实物资源、信贷资源和市场空间。"僵尸企业"本来已"死"在那里,就不要再维持了。旧的不去,新的不来,这是事物新陈代谢的客观规律,是社会主义市场经济竞争性原则的要求,要敢于和善于进行这种"创造性创新"。

完成好"五大重点任务"要全面深化改革。"五大重点任务"的具体内容非常多,但病根都是体制问题。无论是处置"僵尸企业"、降低企业成本、化解房地产库存、提升有效供给还是防范和化解金融风险,解决的根本办法都得依靠改革创新。比如,降低企业制度性交易成本、减轻税费负担、降低资金成本,必须减少行政审批,改革财税、金融体制;扩大有效投资补短板,必须改革财税、金融、投融资体制,才能解决"钱从哪里来,投到哪里去"的问题。同时要看到,完成这些重点任务,本质上是一次重大的创新实践,只有进行顶层设计创新、体制机制创新,不失时机地进行技术创新,才可能有效推动这次重大的结构性改革。

六问有人担心,推进供给侧结构性改革会带来一定的社会冲击,社会能否承受?

阵痛不可避免,但也是值得的。适当地后退是为了更好的前进。只有退够,才能向前。

只要处理得当,阵痛不会很大,可以承受。但对于推进过程中产生的矛盾和冲击切不可大意,具体政策要有序配套、稳妥实施。

窗口期不是无休止的,问题不会等我们,机遇更不会等我们。供给侧结构性改革拖不得、等不起,否则"病情"会越来越严重。

权威人士:推进供给侧结构性改革,特别是化解过剩产能、处置"僵尸企业"必然会带来一些冲击,而且这些冲击很可能会从经济领域延伸到社会领域。对此,我们可以从几个角度来把握:

阵痛是不可避免的,但也是值得的。我国处在结构调整的阵痛期,地区、行业、企业发展出现明显分化,可谓几家欢乐几家愁。在推进供给侧结构性改革过程中,不可能皆大欢喜,产业会此消彼长,企业会优胜劣汰,就业会转岗换岗。特别是眼下一些发愁的企业可能会更愁,甚至关门倒闭,引发职工下岗失业、收入降低等。但这种阵痛是一朝分娩的阵痛,是新的生命诞生和充满希望的阵痛,是新陈代谢、是凤凰涅槃,这是值得的!适当的后退是为了更好的前进。只有退够，才能向前。正如老子所言："明道若昧，进道若退。"拿"僵尸企业"来说，是等着这类企业把行业中的优质企业拖垮，最后一起死，还是快刀斩乱麻，处置这类企业从而腾出必要的市场资源和空间？显然，必须尽快处置"僵尸企业"，实现经济发展质量和效益的整体提升。

阵痛是可以承受的，但切不可大意。相比20世纪90年代，现在我国的实力相当雄厚，经济发展基本面好，新动力正在强化，新业态不断出现，前景是光明的，经济不会出现断崖式下跌。社会就业形势、财力规模、保障制度有了很大进步，抗风险能力强，只要处理得当，虽有阵痛，但不会很大，不会出现大规模的下岗失业问题。特别是人民群众对我们优化产业结构、提升发展效益是理解的、支持的，对我们改善发展质量、产品质量、空气质量是充满期待的。这是我们最大的底气。同时，对于推进过程中产生的矛盾和冲击切不可大意。具体推进的政策要有序配套、稳妥实施。比如，处置"僵尸企业"，要尽可能多兼并重组、少破产清算，对破产企业尽量实行"安乐死"。要高度重视、全力做好职工安置工作，防范引发社会风险。更加细致地做好社会托底工作，比如，个别产能过剩严重的地区会出现职工集中下岗和财政支出困难，要深入细致地研究和实施配套措施，认真拿出因应之策。

需要强调的是，供给侧结构性改革有一个窗口期，但窗口期不是无休止的，问题不会等我们，机遇更不会等我们。今天不以"壮士断腕"的改革促发展，明天就可能面临更大的痛苦。所以，供给侧结构性改革是不得不迈过的坎，是不得不闯过的关，这项改革拖不得、等不起，必须加快步伐、加紧推进，避免"病情"越来越严重。

七问 如何确保供给侧结构性改革取得预期成效？

目前对于新常态的认识有三种情况，大家都要照照镜子，认识不到位的要尽快抓提高，思想不适应的要尽快换脑筋。

当断不断，必受其乱。要勇于做得罪人的事，否则过得了初一过不了十五，把包袱留给后面，将来会得罪天下老百姓。

排除干扰,心无旁骛,学好用好中国特色社会主义政治经济学,牢牢把握几个重大原则,形成推进供给侧结构性改革的整体合力。

权威人士:毫无疑问,这不是一件轻松的事,也不可能一蹴而就,更要避免投机取巧。我们只有深化认识、下定决心,硬碰硬地干下去,才能取得实实在在的成效。

认识新常态、适应新常态、引领新常态,是当前和今后一个时期我国经济发展的大逻辑。从目前情况看,对这个大逻辑的认识有三种情况:

第一种是认识逐步深入,适应更加主动,引领已经开始。这种情况在不断增加,这是好的。

第二种是认识还不到位,一知半解,适应不太主动,引领基本无为,流于口号化。这种情况还比较普遍。

第三种是很不适应,没有摆脱"速度情结""换挡焦虑"的思维定势,结果行动上自觉不自觉逆向而行。

大家都要照照镜子,往第一种靠拢,认识不到位的要尽快抓提高,思想不适应的要尽快换脑筋。提高认识后,还要靠扎实的工作和顽强的毅力来完成这个历史责任。当断不断,必受其乱。在推进过程中,要勇于做得罪人的事,否则过得了初一过不了十五,结果延误了窗口期,把包袱留给后面,将来会得罪天下老百姓。1998年我们也面临外需低迷、内需不足、产能过剩的困境,当时顶住压力,纺织业实行大规模限产压锭,才有了后来经济的强劲增长,才有了今天综合国力的持续增强。

推进供给侧结构性改革,必须加强和改善党对经济工作的领导,排除干扰,心无旁骛,牢牢把握住中国特色社会主义政治经济学的几个重大原则:

一是坚持解放和发展社会生产力。社会主义初级阶段的最根本任务就是解放和发展社会生产力,这是中国特色社会主义政治经济学的核心,任何束缚和阻碍社会生产力发展的言行都背离社会主义本质要求,必须坚决反对。要始终坚持以经济建设为中心不动摇,主动研究发展规律,不断推进科学发展,持续改善人民生活。

二是坚持社会主义市场经济改革方向。深化经济体制改革的主线,是让市场在资源配置中起决定性作用,这是生产力能否解放好、发展好以及供给侧结构性改革能否取得成效的重大原则性问题。对于政府作用,强调"更好发挥",不是"更多发挥",要集中精力抓好那些市场管不了或管不好的事情。

三是坚持调动各方面积极性。人是生产力中最活跃的因素,必须充分调动人的积极性,充分调动中央和地方两个积极性,这是改革开放以来的重要经验。当前,要注重调动企业家、创新人才、各级干部的积极性、主动性、创造性。为企业家营造宽松环境,用透明的法治环境稳定预期,给他们吃定心丸。要为创新人才建立完善激励机制,调动其积极性。对各级干部,要坚持激励和约束并举,既坚持党纪国法的"高压线",也要重视正面激励,完善容错纠错机制,旗帜鲜明给那些呕心沥血做事、不谋私利的干部撑腰鼓劲。

总之,我们要学好用好中国特色社会主义政治经济学,把各方面的力量凝聚起来,形成推进供给侧结构性改革的整体合力。

选自《七问供给侧结构性改革(权威访谈)——权威人士谈当前经济怎么看怎么干》,《人民日报》,2016 年 1 月 4 日。

二

市场与政府的关系

1. "看不见的手"和"看得见的手"都要用好

在我国经济进入新常态的背景下,如何处理好政府与市场的关系,始终是我国全面深化改革的重要议题。对此,习近平指出:"使市场在资源配置中起决定性作用、更好发挥政府作用,既是一个重大理论命题,又是一个重大实践命题。科学认识这一命题,准确把握其内涵,对全面深化改革、推动社会主义市场经济健康有序发展具有重大意义。在市场作用和政府作用的问题上要讲辩证法、两点论,'看不见的手'和'看得见的手'都要用好,努力形成市场作用和政府作用有机统一、相互补充、相互协调、相互促进的格局,推动经济社会持续健康发展。"①

党的十八届三中全会提出,经济体制改革是全面深化改革的重点,核心问题是处理好政府和市场的关系,使市场在资源配置中起决定性作用,更好发挥政府作用。理解这句话,首先要知道,提出使市场在资源配置中起决定性作用,是中国共产党对中国特色社会主义建设规律认识的一个新突破,是马克思主义中国化的一个新的成果,标志着社会主义市场经济发展进入了一个新阶段。其次,准确定位和把握使市场在资源配置中起决定性作用和更好发挥政府作用,必须正确认识市场作用和政府作用的关系。使市场在

---

① 《习近平谈治国理政》,外文出版社,2014年,第117页。

资源配置中起决定性作用和更好发挥政府作用,二者是有机统一的,不是相互否定的,不能把二者割裂开来、对立起来,既不能用市场在资源配置中的决定性作用取代甚至否定政府作用,也不能用更好发挥政府作用取代甚至否定使市场在资源配置中起决定性作用。

一方面要充分认识和发挥市场的作用。对此,习近平强调指出:"提出使市场在资源配置中起决定性作用,其实就是贯彻了问题导向。经过 20 多年实践,我国社会主义市场经济体制不断发展,但仍然存在不少问题,仍然存在不少束缚市场主体活力、阻碍市场和价值规律充分发挥作用的弊端。这些问题不解决好,完善的社会主义市场经济体制是难以形成的,转变发展方式、调整经济结构也是难以推进的。我们要坚持社会主义市场经济改革方向,从广度和深度上推进市场化改革,减少政府对资源的直接配置,减少政府对微观经济活动的直接干预,加快建设统一开放、竞争有序的市场体系,建立公平开放透明的市场规则,把市场机制能有效调节的经济活动交给市场,把政府不该管的事交给市场,让市场在所有能够发挥作用的领域都充分发挥作用,推动资源配置实现效益最大化和效率最优化,让企业和个人有更多活力和更大空间去发展经济、创造财富。"①针对党的十八届三中全会提出的"使市场在资源配置中起决定性作用和更好发挥政府作用",习近平在《关于〈中共中央关于全面深化改革若干重大问题的决定〉的说明》中指出:"进一步处理好政府和市场关系,实际上就是要处理好在资源配置中市场起决定性作用还是政府起决定性作用这个问题。经济发展就是要提高资源尤其是稀缺资源的配置效率,以尽可能少的资源投入生产尽可能多的产品、获得尽可能大的效益。理论和实践都证明,市场配置资源是最有效率的形式。市场决定资源配置是市场经济的一般规律,市场经济本质上就是市场决定资源配置的经济。健全社会主义市场经济体制必须遵循这条规律,着力解决市场体系不完善、政府干预过多和监管不到位问题。做出'使市场在资源

---

① 《习近平谈治国理政》,外文出版社,2014 年,第 116～118 页。

配置中起决定性作用'的定位,有利于在全党全社会树立关于政府和市场关系的正确观念,有利于转变经济发展方式,有利于转变政府职能,有利于抑制消极腐败现象。"①

事实上,对市场在资源配置中作用的认识过程,也是我国社会主义市场经济体制改革不断深化的过程,两者相互促进。1992 年,党的十四大提出了我国经济体制改革的目标是建立社会主义市场经济体制,提出要使市场在国家宏观调控下对资源配置起基础性作用。这一重大理论突破,对我国改革开放和经济社会发展发挥了极为重要的作用。经过 20 多年实践,我国社会主义市场经济体制已经初步建立,但仍存在不少问题,主要是市场秩序不规范,以不正当手段谋取经济利益的现象广泛存在;生产要素市场发展滞后,要素闲置和大量有效需求得不到满足并存;市场规则不统一,部门保护主义和地方保护主义大量存在;市场竞争不充分,阻碍优胜劣汰和结构调整,等等。这些问题不解决好,完善的社会主义市场经济体制是难以形成的。随着实践的推进,理论认识也在不断深化,党的十五大提出"使市场在国家宏观调控下对资源配置起基础性作用";党的十六大提出"在更大程度上发挥市场在资源配置中的基础性作用";党的十七大提出"从制度上更好发挥市场在资源配置中的基础性作用";党的十八大提出"更大程度更广范围发挥市场在资源配置中的基础性作用"。

另一方面也要充分认识和发挥政府的作用。习近平多次强调,我国实行的是社会主义市场经济体制,我们仍然要坚持发挥我国社会主义制度的优越性、发挥党和政府的积极作用。市场在资源配置中起决定性作用,并不是起全部作用。十八届三中全会的决定中也指出要更好发挥政府作用。习近平在《关于〈中共中央关于全面深化改革若干重大问题的决定〉的说明》中指出:"发展社会主义市场经济,既要发挥市场作用,也要发挥政府作用,但市场作用和政府作用的职能是不同的。全会决定对更好发挥政府作用提出

---

① 《习近平谈治国理政》,外文出版社,2014 年,第 75～77 页。

了明确要求,强调科学的宏观调控,有效的政府治理,是发挥社会主义市场经济体制优势的内在要求。全会决定对健全宏观调控体系、全面正确履行政府职能、优化政府组织结构进行了部署,强调政府的职责和作用主要是保持宏观经济稳定,加强和优化公共服务,保障公平竞争,加强市场监管,维护市场秩序,推动可持续发展,促进共同富裕,弥补市场失灵。"①

更好发挥政府作用,首先要转变政府职能,要解决政府应该做什么、不应该做什么的问题。对此,习近平指出:"转变政府职能,关键是要明确往哪里转、怎么转。在总结经验的基础上,我们提出了现在转变政府职能的总方向,这就是党的十八大确定的创造良好发展环境、提供优质公共服务、维护社会公平正义。要按照这个总方向,科学界定政府职能范围,优化各级政府组织结构,理顺部门职责分工,突出强化责任,确保权责一致。"②而推进政府职能转变的关键是要处理好大和小、收和放、政府和社会、管理和服务的关系。政府在有些方面和领域需要加强管理,强化对市场的补充作用,防止政府"缺位"问题,同时也要处理好与市场之间的关系,防止"越位"和"错位"问题。关于政府部门的职能这个具体问题,习近平曾经谈道:"大部门制要稳步推进,但也不是所有职能部门都要大,有些部门是专项职能部门,有些部门是综合部门。综合部门需要的可以搞大部门制,但不是所有综合部门都要搞大部门制,不是所有相关职能都要往一个筐里装,关键要看怎样摆布符合实际、科学合理、更有效率。转变政府职能需要放权,以发挥地方的积极性和主动性,但并不是说什么权都要下放,该下放的当然要下放,但该加强的也要加强,有些职能搞得太分散反而形不成合力。我们要发挥社会力量在管理社会事务中的作用,因为有些事情是政府管不了也管不好的,可以让群众依法实行自我管理、自我服务,同时也要加强对各类社会组织的规范和引导,特别是要注意防范一些别有用心的人打着社会组织的旗号干非法

① 《习近平谈治国理政》,外文出版社,2014 年,第 76 页。
② 中共中央文献研究室:《习近平关于全面深化改革论述摘编》,中央文献出版社,2014 年,第53 页。

勾当。政府要切实履行好服务职能,这是毫无疑义的,但同时也不要忘了政府管理职能也很重要,也要履行好,只讲服务不讲管理也不行,寓管理于服务之中是讲管理的,管理和服务不能偏废,政府该管的不仅要管,而且要切实管好。"①

---

① 《习近平谈治国理政》,外文出版社,2014 年,第 118 页。

2.亚当·斯密*：

"看不见的手"

利已主义与分工理论

引出上述许多利益的分工,原不是人类智慧的结果,尽管人类智慧预见到分工会产生普遍富裕并想利用它来实现普遍富裕。它是不以这广大效用为目标的一种人类倾向所缓慢而逐渐造成的结果,这种倾向就是互通有无,物物交换,互相交易。

这种倾向是不是一种不能进一步分析的本然的性能,或者更确切地说是不是理性和言语能力的必然结果,这不属于我们现在研究的范围。这种倾向,为人类所共有,亦为人类所特有,在其他各种动物中是找不到的。其他各种动物,似乎都不知道这种或其他任何一种协约。两只猎犬同逐一兔,有时也像是一种协同动作。它们把兔逐向对手的方向,或在对手把兔逐到它那边时,加以拦截。不过,这种协同动作,只是在某一特定时刻,它们的欲望对于同一对象的偶然的一致,而并不是契约的结果。我们从未见过甲乙两犬公平审慎地交换骨头。也从未见过一种动物以姿势或自然呼声向其他

---

* 亚当·斯密(Adam Smith,1723—1790),英国古典政治经济学家,英国古典政治经济学理论体系的主要创立者,著有《道德情操论》(1759)、《国民财富的性质和原因的研究》(1776)等,在《国民财富的性质和原因的研究》一书中提出"看不见的手"的理论,是现代市场经济理论的奠基人。

动物示意说:这为我有,那为你有,我愿意以此易彼。一个动物,如果想由一个人或其他动物取得某物,除博得授与者的欢心外,不能有别种说服手段。小犬要得食,就向母犬百般献媚;家狗要得食,就做出种种娇态,来唤起食桌上主人的注意。我们人类,对于同胞,有时也采取这种手段。如果他没有别的适当方法,叫同胞满足他的意愿,他会以种种卑劣阿谀的行为博取对方的厚意。不过这种办法只能偶一为之,想应用到一切场合,却为时间所不许。一个人尽毕生之力,亦难博得几个人的好感,而他在文明社会中,随时有取得多数人的协作和援助的必要。别的动物,一达到壮年期,几乎全都能够独立,自然状态下,不需要其他动物的援助。但人类几乎随时随地都需要同胞的协助,要想仅仅依赖他人的恩惠,那是一定不行的。他如果能够刺激他们的利己心,使有利于他,并告诉他们,给他做事,是对他们自己有利的,他要达到目的就容易得多了。不论是谁,如果他要与旁人做买卖,他首先就要这样提议:请给我以我所要的东西吧,同时,你也可以获得你所要的东西——这句话是交易的通义。我们所需要的相互帮助,大部分是依照这个方法取得的。我们每天所需的食料和饮料,不是出自屠户、酿酒家或烙面师的恩惠,而是出于他们自利的打算。我们不说唤起他们利他心的话,而说唤起他们利己心的话。我们不说自己有需要,而说对他们有利。社会上,除乞丐外,没有一个人愿意全然靠别人的恩惠过活。而且,就连乞丐也不能一味依赖别人。诚然,乞丐生活资料的供给,全部出自善人的慈悲。虽然这种道义归根到底给乞丐提供了他所需要的一切东西,但没有,也不可能,随时随地给他提供他所需要的东西。他的大部分临时需要和其他人一样,也是通过契约、交换和买卖而得到供给的。他把一个人给他的金钱拿去购买食物,把另一个人给他的旧衣拿去交换更合身的旧衣,或交换一些食料和寄宿的地方;或者,先把旧衣换成货币,再用货币购买自己需要的食品、衣服和住所。

由于我们所需要的相互帮助大部分是通过契约、交换和买卖取得的,所以当初产生分工的也正是人类要求互相交换这个倾向。例如,在狩猎或游牧民族中,有个善于制造弓矢的人,他往往以自己制成的弓矢,与他人交换家畜或兽肉,结果他发觉,与其亲自到野外捕猎,倒不如与猎人交换,因为交换所得却比较多。为他自身的利益打算,他只好以制造弓矢为主要业务,于是他便成为一种武器制造者。另有一个人,因长于建造小茅房或移动房屋的框架和屋顶,往往被人请去造屋,得家畜兽肉为酬。于是他终于发觉,完全献身于这一工作对自己有利,因而就成为一个房屋建筑者。同样,第三个人成为铁匠或铜匠,第四个人成为硝皮者或制革者,皮革是未开化人类的主要衣料。这样一来,人人都一定能够把自己消费不了的劳动生产物的剩余部分,换得自己所需要的别人劳动生产物的剩余部分。这就鼓励大家各自委身于一种特定业务,使他们在各自的业务上,磨炼和发挥各自的天赋资质或才能。

人们天赋才能的差异,实际上并不像我们所感觉得那么大。人们壮年时在不同职业上表现出来的极不相同的才能,在多数场合,与其说是分工的原因,倒不如说是分工的结果。例如,两个性格极不相同的人,一个是哲学家,一个是街上的挑夫,他们之间的差异,看来是起因于习惯、风俗与教育,而不是起因于天性。他们生下来,在七八岁以前,彼此的天性极相类似,他们的双亲和朋友,恐怕也不能在他们两者间看出任何显著的差别。大约在这个年龄,或者此后不久,他们就从事于极不相同的职业。于是他们才能的差异,渐渐可以看得出来,往后逐渐增大,结果,哲学家为虚荣心所驱使,简直不肯承认他们之间有一点类似的地方。然而,人类如果没有互通有无、物物交换和互相交易的倾向,各个人都须亲自生产自己生活上一切必需品和便利品,而一切人的任务和工作全无分别,那末工作差异所产生的才能的巨大差异,就不可能存在了。

使各种职业家的才能形成极显著的差异的,是交换的倾向;使这种差异成为有用的也是这个倾向。许多同种但不同属的动物,得自天性的天资上的差异,比人类在未受教育和未受习俗熏陶以前得自自然的资质上的差别大得多。就天赋资质说,哲学家与街上挑夫的差异,比猛犬与猎狗的差异,比猎狗与长耳狗的差异,比长耳狗与畜牧家犬的差异,少得多。但是,这些同种但不同属的动物，并没有相互利用的机会。猛犬的强力，决不能辅以猎狗的敏速，辅以长耳狗的智巧，或辅以畜牧家犬的柔顺。它们因为没有交换交易的能力和倾向，所以，不能把这种种不同的资质才能，结成一个共同的资源，因而，对于同种的幸福和便利，不能有所增进。各种动物现在和从前都须各自分立、各自保卫。自然给了它们各种各样的才能，而它们却不能从此得到何种利益。人类的情况，就完全两样了。他们彼此间，哪怕是极不类似的才能也能交相为用。他们依着互通有无、物物交换和互相交易的一般倾向，好像把各种才能所生产的各种不同产物，结成一个共同的资源，各个人都可从这个资源随意购取自己需要的别人生产的物品。

看不见的手与市场理论

各个人都不断地努力为他自己所能支配的资本找到最有利的用途。固然，他所考虑的不是社会的利益，而是他自身的利益，但他对自身利益的研究自然会或者毋宁说必然会引导他选定最有利于社会的用途。

第一，每个人都想把他的资本投在尽可能接近他家乡的地方，因而都尽可能把资本用来维持国内产业，如果这样做他能取得资本的普通利润，或比普通利润少得有限的利润。

所以，如果利润均等或几乎均等，每一个批发商人就都自然宁愿经营国内贸易而不愿经营消费品的国外贸易，宁愿经营消费品国外贸易而不愿经营运送贸易。投资经营消费品国外贸易，资本往往不在自己的监视之下，但投在国内贸易上的资本却常在自己的监视之下，他能够更好地了解所信托的人的品性和地位，即使偶然受骗，也比较清楚地了解他为取得赔偿所必须根据的本国法律。至于运送贸易，商人的资本可以说分散在两个外国，没有任何部分有携回本国的必要，亦没有任何部分受他亲身的监视和支配。譬如，阿姆斯特丹商人从克尼斯堡运送谷物至里斯本，从里斯本运送水果和葡萄酒至克尼斯堡，通常必须把他资本的一半投在克尼斯堡，另一半投在里斯本，没有任何部分有流入阿姆斯特丹的必要。这样的商人自然应当住在克尼斯堡或里斯本,只有某种非常特殊的情况才会使他选择阿姆斯特丹作为他的住处。然而,由于远离资本而感到的不放心,往往促使他把本来要运往里斯本的克尼斯堡货物和要运往克尼斯堡的里斯本货物的一部分不计装货卸货的双重费用,也不计税金和关税的支付运往阿姆斯特丹。为了亲身监视和支配资本的若干部分,他自愿担负这种特别的费用。也正由于这样的情况,运送贸易占相当份额的国家才经常成为它通商各国货物的中心市场或总市场。为了免除第二次装货卸货的费用,商人总是尽量设法在本国市场售卖各国的货物,从而在可能范围内尽量使运送贸易变为消费品国外贸易。同样,经营消费品国外贸易的商人,当收集货物准备运往外国市场时,总会愿意以均等或几乎均等的利润尽可能在国内售卖货物的一大部分。当他这样尽可能地使他的消费品国外贸易变为国内贸易时,他就可以避免承担输出的风险和麻烦。这样一来,要是我可这样说的话,本国总是每一国家居民的资本不断绕之流通并经常趋向的中心,虽然由于特殊原因,这些资本有时从那中心被赶出来,在更遥远地方使用。可是,我已经指出,投在国内贸易上的资本,同投在消费品国外贸易上的等量资本相比,必能推动更大量的国内产业,使国内有更多的居民能够由此取得收入和就业机会。投在消费品国外贸易上的资本,同投在运送贸易上的等量资本相比,也有同样的优点。所以,在利润均等或几乎均等的情况下,每个个人自然会运用他的资本来给国内产业提供最大的援助,使本国尽量多的居民获得收入和就业机会。

第二,每个个人把资本用以支持国内产业,必然会努力指导那种产业,使其生产物尽可能有最大的价值。

劳动的结果是劳动对其对象或对施以劳动的原材料所增加的东西。劳动者利润的大小,同这生产物价值的大小成比例。但是,把资本用来支持产业的人,既以牟取利润为唯一目的,他自然总会努力使他用其资本所支持的产业的生产物能具有最大价值。换言之,能交换最大数量的货币或其他货物。

但每个社会的年收入,总是与其产业的全部年产物的交换价值恰好相等,或者毋宁说,和那种交换价值恰好是同一样东西。所以,由于每个个人都努力把他的资本尽可能用来支持国内产业,都努力管理国内产业,使其生产物的价值能达到最高程度,他就必然竭力使社会的年收入尽量增大起来。确实,他通常既不打算促进公共的利益,也不知道他自己是在什么程度上促进那种利益。由于宁愿投资支持国内产业而不支持国外产业,他只是盘算他自己的安全;由于他管理产业的方式目的在于使其生产物的价值能达到最大程度,他所盘算的也只是他自己的利益。在这场合,像在其他许多场合一样,他受着一只看不见的手的指导,去尽力达到一个并非他本意想要达到的目的。也并不因为事非出于本意,就对社会有害。他追求自己的利益,往往使他能比在真正出于本意的情况下更有效地促进社会的利益。我从来没有听说过,那些假装为公众幸福而经营贸易的人做了多少好事。事实上,这种装模作样的神态在商人中间并不普遍,用不着多费唇舌去劝阻他们。

关于可以把资本用在什么种类的国内产业上面,其生产物能有最大价值这一问题,每一个人处在他当地的地位,显然能判断的比政治家或立法家好得多。如果政治家企图指导私人应如何运用他们的资本,那不仅是自寻烦恼地去注意最不需注意的问题,而且是僭取一种不能放心地委托给任何个人、也不能放心地委之于任何委员会或参议院的权力。把这种权力交给一个大言不惭地、荒唐地自认为有资格行使的人,是再危险也没有了。

使国内产业中任何特定的工艺或制造业的生产物独占国内市场,就是在某种程度上指导私人应如何运用他们的资本,而这种管制几乎毫无例外地必定是无用的或有害的。如果本国产业的生产物在国内市场上的价格同外国产业的生产物一样低廉,这种管制显然无用。如果价格不能一样低廉,那末一般地说,这种管制必定是有害的。如果一件东西在购买时所费的代价比在家内生产时所费的小,就永远不会想要在家内生产。这是每一个精明的家长都知道的格言。裁缝不想制作他自己的鞋子,而向鞋匠购买。鞋匠不想制作他自己的衣服,而雇裁缝制作。农民不想缝衣,也不想制鞋,而宁愿雇用那些不同的工匠去做。他们都感到,为了他们自身的利益,应当把他们的全部精力集中使用到比邻人处于某种有利地位的方面,而以劳动生产物的一部分或同样的东西,即其一部分的价格,购买他们所需要的其他任何物品。

选自[英]亚当·斯密:《国民财富的性质和原因的研究》(上卷),郭大力、王亚南译,商务印书馆,1972年,第 12～16 页;[英]亚当·斯密:《国民财富的性质和原因的研究》(下卷),郭大力、王亚南译,商务印书馆,1974年,第 25～28 页。

3. 约翰・梅纳德・凯恩斯*：

国家干预理论

分配的不平等与消费调节

我们生活于其中的经济社会的显著弊端是：第一，它不能提供充分就业以及第二，它以无原则的和不公正的方式来对财富和收入加以分配。本书的理论对第一个弊端的作用是显而易见的。但是，它在两个重要的方面也与第二个弊端有关。

自从 19 世纪末以来，通过直接税的手段——所得税、超额所得税和遗产税——特别是在英国，消除财富和收入方面的非常巨大的差异的工作已经取得相当大的进展。许多人愿意把这一过程推向远为更加前进之处，但是，两点考虑使他们踌躇不前：一方面，他们害怕，这会使逃避税收成为很值得干的事情，并且还会过分减少冒风险的动机。但我相信，他们的另一个方面的主要考虑之点是：他们相信，资本的增长取决于个人储蓄动机的强弱，而资本增长的一个很大比例的部分取决于富人，来自他们剩余金钱的储蓄。我的理论并不影响第一种考虑；但在相当大的程度上，它可以修改我们对第

---

　　* 约翰・梅纳德・凯恩斯（John Maynard Keynes，1883—1946），英国经济学家，主要代表作有：《就业、利息和货币通论》（1936），书中提出有效需求不足问题和政府进行需求管理的必要性。他是"国家干预主义"的代表人物，其所创立的宏观经济学被称为是对经济学的革命——"凯恩斯革命"。

二种考虑的态度。因为,我们已经看到,在到达充分就业状态以前,资本的增长完全不取决于消费倾向的数值低微的程度,而且,恰恰相反,后者会有碍于前者的实现。只有在充分就业的条件下,数值低微的消费倾向才有助于资本的增长。不仅如此,经验表明:在现有情况下,企业的储蓄以及偿债基金所代表的储蓄已经超过所需要的数量,从而,采用可能提高消费倾向的收入再分配的措施肯定会有助于资本的增长。

对于这一问题,公众思想中的困惑之处可以用非常普遍存在于他们之间的信念加以说明。他们相信,遗产税是减少英国资本财富的原因。事实上,假设国家把这一来源的税收所得使用于通常的开支,从而,对收入和消费所征收的税额会有相应的减少或免除,那末,遗产税繁重的财政政策当然具有增加社会的消费倾向的作用。由于习惯性的消费倾向的增加一般会(除了在充分就业的情况下以外)同时增加投资诱导,普通人所做出的推论正好与实际情况相反。

这样,我们的论述可以使我们得出结论,即:财富的增长远不取决于富人的节欲,像一般所假设的那样,它的增长反而会受到富人节欲的阻碍。因此,支持财富应具有很大差别的一个主要论据已经不能成立。我并不是在说,在其正确性不为我们理论所影响的各个论据中,任何一个都不能在一定情况下支持某种程度的财富分配的不平等。但我们的理论确实清除掉了其中一个最重要的理由,正是由于这个理由,我们才一直认为必须谨慎从事。这一点特别影响我们对遗产税的看法,因为,有些支持财富的不平等的论据不适用遗产的不平等。

以我而论,我相信,存在着社会上的和心理上的理由来认为:相当大的财富和收入的不平等是合理的,但不平等的程度应该比目前存在的差距为小。有价值的人类活动的一部分需要赚钱的动机和私有财产的环境才能取得全部效果。不仅如此,通过赚钱和私有财产的存在,人类的危险的癖好可以被疏导到比较无害的渠道之中,而癖好如果不以此种方式得以满足,那末,它们会被用之于残暴、肆无忌惮地对个人权利和权威的追求,以及其他方式的自我高大化。人们对他们自己的银行存款实施暴政要比他们对他们的同胞们实施暴政要好一些。虽然前者有时被谴责为不过是达到后者的手段，但至少在有的时候，前者提供了一个可供选择的渠道。即使如此，为了刺激这些可供选择的活动和满足这些癖好，并没有必要像现在那样给参加游戏的赢家提供如此之多的胜利品。较少的胜利品也能达到同一目的，一旦参与者习惯于此的话。改变人类本性的任务绝不能混同于管理人类本性的任务。虽然在理想的国家中，可以通过教育、感化和养育来使人们对胜利品漠不关心，但只要一般的人，甚至社会中相当多的一些人仍强烈地沉湎于赚钱的癖好，那末，稳健的政治家就应该让游戏在规则和限度的约束下继续进行下去。

……

调整利息率

然而对于财富不平等的前景，从我们的论点中，还可以得到一个远为更加重要的第二个有关之点，即我们的利息论。到目前为止，认为利息率应该具有适当高的数值的理由在于利息率必须提供足够多的储蓄诱导。但我们已经说明，有效的储蓄数量必然要取决于投资的规模，而投资规模却为低数值的利息率所推动，如果我们不以此种办法把投资规模推进到相当于充分就业之点以外的话。由此可见，如果在既定的资本边际效率之下，把利息率减少到使充分就业得以实现之处，那末，那将是对我们最有利的。

毋庸置疑，上述原则会使利息率远低于迄今在市场上存在的利息率。以我们所能推测到的资本数量的增加对资本边际效率的影响而论，如果要继续大致维持充分就业，那末，利息率很可能要持续下降——除非整个社会的消费倾向（包括国家在内）有着很大的改变。

我感到肯定的是，对资本的需求具有严格的限度，其意义为：把资本数量增加到使它的边际效率下降到很低的数值是不难做到的事情。这并不意味着使用资本设备几乎不用支付代价，而仅仅是说，资本设备的收益在补偿它的折旧和老化费用以后,再减去偿付风险以及技能和决策的运用的费用,剩下来的属于资本所有者的数量不会有多少。简言之,耐用品在它们生命期间的总收益会和非耐用品的情况一样,包含它们的生产的劳动成本再加上对风险以及对技能和监督代价的补偿。

虽然这种状况相当符合于某种程度的个人主义,但它意味着食利者阶级的消亡,从而也意味着资本家利用资本的稀缺性来扩大其压迫力量的消亡。在今天,利息之不代表对真正做出牺牲的补偿的程度并不亚于土地的租金。资本所有者能得到利息的原因是资本的稀缺,正和土地所有者能得到地租的原因是土地的稀缺一样。但是,土地的稀缺可以来自与土地的固有特性有关的原因;然而,资本的稀缺却没有与资本的固有特性有关的原因。如果把造成资本稀缺的原因看作与资本特性有关的原因,即必须以利息率作为报酬才能使人们做出真正的牺牲来进行积累这一原因,那末,在长期中,这一原因将不复存在,除非在个人的消费倾向具有特殊性的场合。在这种场合中,消费倾向具有如此特殊的数值,以致在资本具有足够充沛的数量以前,充分就业条件下的净储蓄量已经为零。但即使在这种场合,国家机构仍然可以使社会的储蓄被维持在一定的水平,以致能使资本数量继续增长,直到它不再稀缺时为止。

因此,在我看来,当资本主义的食利者阶级的这一方面完成了它的任务以后,它会作为一个过渡阶段而消失掉。一旦它的食利者阶级的方面消失掉,资本主义的其他方面会有重大的改变。此外,我的主张还有一个很大的有利之处,即食利者阶级和已经没有社会职能的投资者绝不会突然消亡,就像我们近来在英国所看到的那样,它们的消失会是一个逐渐而漫长的过程,从而不需要进行革命斗争。

因此,在政策实践上,我们可以树立两个目标(都是可以在实际上达到的):一方面,增加资本数量,一直到它不再稀缺时为止,从而,已经没有社会职能的投资者不再能坐享利益。另一方面,建立一个直接税制度,使得理财家、企业家和类似的人物(他们如此喜爱他们的职业,以致可以用远为便宜的代价来取得他们的劳务)的智慧、决心和经营的才能可以通过合理的报酬被引导到为社会服务的渠道。

与此同时,我们必须认识到,只有经验才能告诉我们体现于国家政策之中的群众意愿应该在何种程度上被用之于增加和补充投资诱导,以及应该在何种程度上才能安全地被用之于刺激平均消费倾向,而又不妨碍我们在一两个世代中消除资本的稀缺价值的目标。最终的结果可以是,消费倾向会被利息率下降的作用以如此容易的方式加以提高,以致只需要比现有的稍高一点的积累率便能达到充分就业。在这种情况下,对高额收入和遗产征收较多赋税的制度也许会有招致非难之处,因为按照这种制度,充分就业所要求的积累率会在相当大的程度上小于现在的水平。我并不否定这一后果的可能性,甚至它的很可能出现的概率。因为,在这种事态中,很难预测一般人如何对环境的改变做出反应。如果现实的事态表明,只需要用比现在稍大一点的积累率便能很容易地取得大致的充分就业,那末,一个突出的当代问题至少已经得以解决。至于说应以何种正确和合理的程度和手段来要求活着的一代限制他们的消费,以便在一段时期中为他们的后代建立起一个投资量已经充分的境界,那是另一个仍然存在的有待决策的问题。

……

不牺牲效率和自由的就业政策

在其他方面,本书以上的理论在含义上是相当保守的。因为,虽然本书指出,现在主要听任于私人主动性支配的某些事物应加以集中控制的重大意义,但是,仍然存在着广泛的领域,其中的活动不受影响。对于消费倾向,国家将要部分通过赋税制度,部分通过利息率的涨落,和部分通过其他手段来施加引导的作用。还有,单靠银行政策对利息率的影响似乎不大可能决定投资的最优数量。因此,我感觉到,某种程度的全面的投资社会化将要成为大致取得充分就业的唯一手段。当然,这并不排除一切形式的折中方案,而通过这种方案,国家当局可以和私人的主动性结合起来。但除此以外,似乎很难证实囊括绝大部分社会经济生活的国家社会主义的必要性。重要的并不是生产工具的国有化。如果国家能决定被用于增加生产工具的资源数量，并且能决定对生产工具所有者的报酬的基本额，那末，它就应被认为是完成了它应尽的职责。此外，必要的社会化的步骤可以逐渐采用，从而不会割断社会的一般传统。

我们对已被接受的古典学派理论的批评，重点不在于找出它的分析中的逻辑错误，而在于指出它所暗含的假设条件很少或者从来没有得到满足，其后果为，它不能解决现实世界中的经济问题。然而，如果我们的中央控制机构能够成功地把总产量推进到相当于在现实中可能达到的充分就业水平，那末，从这一点开始，古典学派的理论仍然是正确的。如果我们假设总产量为既定的，即取决于古典学派思想体系以外的力量或因素，那末，我们对古典学派的分析并没有反对意见。我们不反对它所分析的私人的利己动机如何决定生产何种产品，以何种比例的生产要素来进行生产，以及如何把产品的价值在生产要素之间加以分配。还有，虽然我们在节俭问题上与古典学派的想法不同，但对现代古典学派理论关于在完全和不完全竞争的条件下的私人和社会利益的一致程度却没有意见。由此可见，除了由中央控制的必要性来实现消费倾向和投资诱导之间的协调以外，我们没有比过去提出更多的理由使经济生活社会化。

更具体地说，我看不出任何理由来认为，现有的经济制度对已经被使用的生产要素具有严重的使用不当之处。当然，存在着预期的失误问题；但是，这些问题并不会由于中央集中的决策而得以避免。当在 10,000,000 个愿意而且能够工作的人中有 9,000,000 个人被雇用时，又没有证据表明，这批 9,000,000 人有被使用不当之处。对现有的经济制度，我们的不满意见并不是这批 9,000,000 人应该被使用于和过去不同的任务，而是应该为剩下来的 1,000,000 人提供使其就业的任务。现行经济制度的缺点并不在于已就业的人如何加以使用的问题，而在于就业量的多寡问题。

因此，我同意格塞尔的意见，认为弥补古典学派理论的缺点不是把那个

"曼彻斯特制度"清除掉,而是指出经济力量或经济因素的自由运行所需要的环境,以便实现生产的全部潜力。保证充分就业所必需的中央控制当然会大为扩充传统的政府职能。除此以外,现代古典学派理论本身也要求我们注意到各种不同的情况,而在这些不同情况下,对经济力量或因素的自由运行有必要加以制止,或加以引导。尽管如此,仍然会留下广阔的天地使私人在其中运用他们的动力和职能。在这个天地中,传统的个人主义的有利之处仍然会继续存在。

让我们在这里稍加停留,以便提醒我们自己,这些有利之处是什么。有利之处的一部分是效率——分散化和利己心能够运行的有利之处。决策分散化和个人负责制的有利之处甚至比 19 世纪所设想得也许还要大一些,而且,反对借助和利用利己心的意见似乎有点过火。但无论如何,如果能去掉个人主义的缺点和滥用,那末,它仍然是个人自由的最好保障,其意义为:和其他任何制度相比,它在很大程度上扩大了个人选择的范围。它也是生活多样化的最好保障,因为,生活多样化恰恰来自被扩大了的选择范围。在生活单调一致或集权国家的各种损失中,缺乏生活多样化是其中最大的损失。因为这种多样化保存了能体现已往各代人的最妥善和成功的选择的传统。它以它的多样化的花式来使现实具有光彩。此外,由于它是经验、传统和想象的结晶,它也是改善将来的最有力的工具。

因此,虽然对 19 世纪的政论家或当今美国理财家而言,由于使消费倾向和投资诱导相互协调而引起的政府职能的扩大是对个人主义的严重侵犯,但我要为这种扩大进行辩护。我认为,事实恰恰相反。它不但是避免现在的经济制度完全被摧毁的唯一可行之道,而且也是个人动力能成功地发生作用的前提条件。

这里的原因在于:如果有效需求不足,那末,不但资源浪费所引起的社会反对情绪会达到不可容忍的程度,而且,意图把这些资源运用于实际的私有企业也会遭受注定要失败的后果。这种危险的游戏具有许多数值为零的筹码,所以,如果参加者的精力和意志能使他们把游戏进行到底,那末,对参加者的整体而言,它是输家。直到目前,世界财富的增加量小于个人正数值的储蓄的总和。二者的差额系由那些输家所补足,因为,这些人虽然具有勇气和主动性,但却缺乏超群的技能和异常的好运。但如果存在着足够的有效需求,那末,只需要一般的技能和好运便能取胜。

今天的集权主义国家以牺牲效率和自由为代价似乎已经解决了失业问题。可以肯定,世界容忍失业的期间不会很久,而失业何题,除了短暂的局势动荡时期以外,按照我的意见,还是不可避免地和现代资本主义的个人主义联系在一起。然而,通过对问题的正确分析,也有可能把疾病治愈,而与此同时,又保存了效率与自由。

选自[英]约翰·梅纳德·凯恩斯:《就业、利息和货币通论》(重译本),高鸿业译,商务印书馆,1999年,第386~394页。

4. 保罗·萨缪尔森[*]：

看不见的手的作用领域

市场——看不见的手

市场看上去只是一群杂乱无章的卖者和买者，但却总是有适量的食品被生产出来，被运送到合适的地点，并最终以美味可口的形式出现在人们的餐桌上。这似乎应该说是一个奇迹。然而，若仔细观察一下纽约或其他的经济体，我们就可以令人信服地证明：市场体系既不是混乱也不是奇迹，它是一个自身具有内在逻辑的体系。这个逻辑体系在发挥着作用。

市场经济是一部复杂而精良的机器，它通过价格和市场体系来协调个人和企业的各种经济活动。它也是一部传递信息的机器，能将数十亿各不相同的个人的知识和活动汇集在一起。在没有集中的智慧或计算的情况下，它能解决涉及亿万个未知变量或相关关系的生产和分配的问题，对此，连当今最快的超级计算机也都望尘莫及。并没有人去刻意地加以管理，但市场却一直相当成功地运行着。在市场经济中，没有一个单独的个人或组

---

[*] 保罗·萨缪尔森（Paul A. Samuelson，1915—2009），美国经济学家，当代凯恩斯主义的集大成者，新古典综合学派的代表人物，经济学研究领域广泛，对马克思价值理论也有所涉猎，于1970年获得诺贝尔经济学奖。主要代表作有：《经济分析基础》（1941）和《经济学》（1948）等，其中《经济学》以四十多种语言在全球销售，称为全球最畅销的经济学教科书。

织专门负责生产、消费、分配和定价等问题。

　　市场如何决定价格、工资和产出？最初，市场是买者与卖者面对面地进行交易的实实在在的场所。那时的市场，无论是在城市还是在乡村都是大家司空习惯的，农民将他们的产品带到那里出售，满目都是黄油、乳酪、活鱼、蔬菜等农副产品。而今天，美国仍然存有许多交易者人头攒动的重要市场。例如，小麦和玉米在芝加哥期货交易所交易，石油和白金在纽约商品交易所交易，而宝石则在纽约市的"钻石街区"进行交易。

　　市场应被理解成一种买者和卖者决定价格并交换物品、劳务或资产的机制。几乎每一样东西都存在相应的市场。你还可以在纽约的拍卖厅里买到大师们的艺术品，你可以在芝加哥交易所里买到污染许可证。市场可以是集中的，如股票市场；也可以是分散的，如大部分劳工市场。市场甚至可以是电子化的，随着互联网的发展，电子商务将日益流行。其中一些最重要的市场都是为交易金融资产而形成的，例如股票、债券、外汇和抵押贷款等市场。

　　……

　　亚当·斯密最早认识到市场经济如何组织供给和需求双方所包含的复杂力量。斯密以其最著名的论断，即在本章开篇时所引的《国富论》中的一段话①，指明了公众利益和私人利益之间的和谐一致性。不妨回到前文重读一下那些看似矛盾的论断，特别注意一下其中看不见的手的微妙之处。即在一个良好运转的市场机制中追求私人利益可以增进公共福利。

　　斯密的这段话写于 1776 年，那一年《美国独立宣言》也刚好问世。这两大思想成果的同时出现，也许并不是一种巧合。当美利坚合众国的开创人在不列颠帝国的苛政之下大声呼唤自由之时，大英帝国的亚当·斯密也在倡导一种伟大的革命信条，呼吁将贸易和工业从封建桎梏中解放出来。斯密认为在所有可能出现的结果中，这种方式是最好的；政府对市场竞争的任

---

　　①　指的是斯密关于"看不见的手"经典论述的那段话（本章斯密摘编部分有引用）——编者注。

何干预都几乎是有害的。

斯密关于市场机制运行的见解启发了当代经济学家——包括资本主义制度的歌颂者和批判者。经济学的理论家们已经证明,在一定的条件下,完全竞争经济是有效率的(请记住,经济效率指的是:在不损害其他人经济福利的前提下,已无法再增进某个人的经济福利)。

尽管如此,在经历了两个多世纪的实践和思考之后,我们逐渐认识到这一学说的适用范围和现实的局限性。我们发现存在着"市场不灵",并且市场也并不总是产生最有效率的结果。市场不灵的一种情况是垄断以及其他形式的不完全竞争。"看不见的手"的第二种不灵表现为市场的外溢效果或外部性:正面的外部性包括科学发现等,而负面的外溢效果应包括环境污染。

对市场的最后一种指责是:其收入分配的后果在政治上或道义上是无法接受的。若这些情况中出现任何一种的话,亚当·斯密的"看不见的手"的原理就会崩溃,政府就会试图干预,以弥补"看不见的手"的不足。

政府——看得见的手

在理想的市场经济中,所有物品和劳务的价格都取决于体现消费者评价和社会成本的市场竞争,并以货币形式自愿地进行交换。这种制度无须政府的干预,就能够从社会上可供利用的资源中获取最大的利益。然而,在现实中,还不曾有一种经济能够完全依照"看不见的手"的原则顺利运行。相反,每个市场经济几乎都会遭受其制度不完善之苦,存在着诸如过度的污染、失业、金融恐慌、贫富两极分化等症状。

世界上任何一个政府,无论多么保守,都不会对经济袖手旁观。政府针对市场机制的缺陷肩负起许多责任。军队、警察,以及国家气象服务等都是常见的政府活动的领域,诸如宇宙空间探索和科学研究等公益事业,也都得到了政府的大力资助。政府或许还会对一些行业(如金融业及药业)加以监管,而对另一些(如教育和生物医学研究)则予以补贴。此外,政府还对其公民征税,并将税收中的一部分再分配给老年人和贫穷者。

政府如何行使它们的职能呢? 要求公民纳税、遵守规定和消费一定数量的公共品和服务,是运行一个政府的基本活动。因为具有强制权力。政府能够行使一些在自愿交换条件下无法实现的职能。强制减少纳税人或被管制企业的收入和机会的同时,政府能够增进其他人或企业的自由与消费。

在包罗万象的政府职能中,政府对于市场经济所行使的职能主要有三项:①政府通过促进竞争、控制诸如污染这类外部性问题,以及提供公共品等活动来提高经济效率。②政府通过财政税收和预算支出等手段,有倾斜地向某些团体进行收入再分配,从而增进公平。③政府通过财政政策和货币政策促进宏观经济的稳定和增长,在鼓励经济增长的同时,减少失业和降低通货膨胀。

以下我们简要考察政府的每一项职能。

(1)效率

亚当·斯密认识到,只有在完全竞争成立时,市场机制的优点才能充分体现出来。完全竞争指的是什么? 它指的是,没有一家企业或一位消费者足以影响整个市场的价格。例如,小麦市场是完全竞争性市场,因为即使最大的小麦农场也只能生产世界小麦产量的微不足道的一部分,从而无法对小麦的价格产生举足轻重的影响。

"看不见的手"所适用的都是完全竞争的市场经济。在这种环境下,市场能够有效地配置资源,从而经济恰好位于其生产可能性边界上面。如果所有行业都处于完全竞争均衡,正如本书后面所要提到的那样,市场将会采用最有效率的技术和最少量的投入来生产消费者最偏好的产出组合。

然而在很多情况下市场的竞争却都不完全。其中最重要的三种情况是:不完全竞争(如存在垄断)、外部性(如污染)和公共品(如国防及灯塔)。在每一种情况下,市场不灵都会导致生产或消费的低效率,而政府在医治这些疾病中往往能够扮演一个很有用的角色。

（2）公平

以上关于市场不灵问题的讨论，主要集中在市场配置资源功能的缺陷（不完全竞争）方面，这种缺陷可以通过明智的干预办法加以矫正。为此不妨先假定，经济运行完全符合效率原则，即始终位于生产可能性边界之上，而从不移至界内，总是能够选定适量的公共品和私人品，等等。但即使在这种市场体系完美运行的条件下，市场仍然有可能导致一种缺憾。

市场并不必然能够带来公平的收入分配。市场经济可能会产生令人难以接受的收入水平和消费水平的巨大差距。

对于为谁生产的问题，市场机制为什么有可能提供一种不可接受的结果呢？其中一个原因在于：收入取决于一系列因素，包括努力程度、教育、继承权、要素价格和运气，由此导致的收入分配可能会同公平的结果相悖。另一个原因，不妨回头想一下，物品追随的是货币选票而不是最大满足。富人的猫所喝的牛奶，也许正是穷人孩子维持健康所必需的东西。之所以发生这种情况，是因为市场不灵吗？不，根本不是。因为市场机制正在做它应做的工作，即把物品交给那些有货币选票的人。即使是最有效率的市场体系，也可能产生极大的不公平。

……

收入不公平在政治上或道德上也许不能为人们接受。一个国家没有必要将竞争市场的结果作为既定的和不可改变的事实接受下来，人们可以考察收入分配并判断它是否公平。如果一个民主社会不喜欢自由放任市场体系下的货币选票的分配，它可以采取一些措施来改变收入的分配。

（3）宏观经济的增长与稳定

自从资本主义产生以来，它就不时地受到通货膨胀（价格上升）和经济衰退（高失业率）的周期性困扰。例如，二战后美国已经发生了 9 次衰退，其中有几次衰退曾经造成上百万人失业。这些波动被称为商业周期。

今天，由于凯恩斯和他的追随者的思想贡献，我们知道了如何控制商业周期的剧烈波动，通过审慎地运用财政政策和货币政策，政府就能够影响产出、就业和通货膨胀的水平。政府的财政政策就是税收权力和预算支出权力。货币政策涉及货币供应量和利率水平,进而影响到资本品的投资和其他利率敏感性的支出。通过这两种基本的宏观经济政策工具,政府能够影响总支出水平、增长率与产出水平、就业率与失业率、物价水平和通货膨胀率。

最近半个世纪以来,发达工业化国家的政府成功地运用了凯恩斯革命的遗产。第二次世界大战以后的 30 年内,在扩张性的货币政策和财政政策的刺激下,市场经济经历了前所未有的增长。

20 世纪 80 年代,政府开始制定宏观经济政策,以促进经济增长与生产率提高等长期目标的实现。例如,大多数工业化国家都降低了税率以刺激储蓄和生产,许多经济学家强调公众通过缩小预算赤字来增加公共储蓄的重要性,认为这是增加国民储蓄或投资的一种有用的办法。

选自[美]保罗·萨缪尔森、威廉·诺德豪斯:《经济学》(上册)(第十九版),萧琛译,商务印书馆,2012 年,第 31~66 页。

5. 约瑟夫·斯蒂格利茨*：

政府经济行为的利与弊

市场失灵

我们要问的首要问题是：自愿组织在什么时候工作没有效率？这个问题是现代福利经济学的核心问题。传统理论以福利经济学基本原理作为切入点，根据市场经济会导致帕累托资源配置效率提出了一系列条件，然后阐明了市场不能有效运转的重要根据。我们把之称为市场失灵，市场失灵至少可能地界定了政府活动的范围。（在这里，我之所以说是"可能"的，是因为我们没有把政府干预效率的有限性考虑在内。）

市场失灵的例子包括公共物品、外部性、垄断，尤其是自然性垄断。

市场失灵论虽然为我们提供了便利的切入点，但新近的研究从两个方面对它的有用性提出了质疑。

（1）市场失灵的普遍性

格林沃德和斯蒂格利茨指出，只要信息是不完善的，或市场是不完全

　＊　约瑟夫·斯蒂格利茨（Joseph Eugene Stiglitz），美国经济学家，哥伦比亚大学教授。他于1979年获得克拉克奖，2001年获得诺贝尔经济学奖。主要代表作有：《信息与竞争价格制度》（1976）、《不平等的代价》（2012）等。他倡导政府对市场的干预，认为由于信息不充分和市场机制不完整导致市场失灵，需要政府进行干预。

的——基本上往往如此——那么市场就达不到约束条件下的帕累托效率（我们来回忆一下帕累托效率的定义：资源配置既没有使一些人变得更好，但同时又没有使至少一个人变得更坏，那么这种资源配置就是帕累托效率。之所以使用"约束条件下的帕累托效率"这一术语，是为了向我们提示，在进行比较时，在判断政府的某些政策是否导致了帕累托改进时，政府被假定为和私人部门面临着同样的信息和不完全市场的约束）。然而传统理论把市场失灵排除在分散的市场导致了资源配置效率这一总原则之外，在此意义上讲，该假定被颠倒了过来，它仅仅局限于市场是有效的等例外情况。

这就使得对政府适宜作用的分析变得更加困难。不仅如此，该问题衍生成不是辨识经济中普遍存在的市场失灵，而是大量的市场失灵现象为政府干预和提高福利水平提供了空间。我们将在后面举出一些例子。

（2）公共失灵

正统的经济学理论认为，市场确保了经济效率，因而我们不需要很多的政府理论：无论政府多么有序地组织起来，它都无助于问题的改进。但是，如果把该结论颠倒一下——市场几乎不能确保经济效率——那么政府就会发挥可能的作用。但是为了证明政府"应该"做些什么，人们不得不构建政府理论，不得不考察政府的行为方式、局限性及力量。

因此，当我们将要在下面做进一步的论述时，不完全市场和不充分信息的问题无论在公共部门还是在私人部门都是相当普遍的，从而提出了政府是否能够或愿意进行纠正的问题。

（3）再分配

市场不能实现有效的（帕累托）资源配置，除了这些情况之外，政府还有一个作用，或因为最后的收入分配为人们所反对，或因为市场不能充分地供给某些优效产品（merit goods）或无效产品（bads）。

在过去的 15 年中，我们有关政府作用的观点发生了显著的变化。福利经济学第二基本定理提供了明显的结论。该原理认为，如果市场进行的收入分配不能被人们普遍认可，那么政府必须做的"全部事情"就是重新分配最初的财产,唯其如此,市场才能确保有效的产出。福利社会所希冀的任何分配都能以这种方式得以实现。实际上,在效率和分配问题之间有一个十分明显的分水岭。政府的作用体现在后者。

这一观点是成立的,体现在两个重要方面:首先,我们现在认识到,在效率和分配问题之间并没有一明确的分界线。例如,如果财富分配非常不公,那么经济制度就会面临许多严重的动力问题。如果土地所有权严重不公正,那么作佃农就是持有土地的有效方式;但是,如果工人生产了全部的而不是一半或三分之二的边际产品,那么国民产出就会增加。

其次,总的来说,福利经济学第二基本定理所提出的一次性分配的种类是不可行的,相应地,再分配往往会有些走样。如果考虑到这些变化,那么,显而易见,第二福利定理所说的政府的消极作用就不是那么重要了。

在这里,我的目的并不是要对市场失灵问题进行详细的考察,而仅仅是触及了和我们的主题相关联的有助于理解政府在经济活动中不断变换的作用的问题。

政府干预的形式及其公共生产和"私有化基本定理"

我们首先应指出的是,虽然市场存在失灵问题,且要求政府以某种形式进行干预,但是它并没有必然地要求政府进行生产。这在自然性垄断的情况下可以清楚地看出来。在这种情况一下,政府至少有五种选择:它可以无视这个问题;它可以建立竞争性的政府企业;它可以赋予政府企业垄断权;它可以运用法规制度和税收规定保持竞争;它可以约束私人垄断。

我们不妨考察一下外部性所引发的问题。政府解决外部性的方式有:通过税收和补贴(对污染企业课税、为消除污染对企业予以补贴);通过法规制度(禁止某些活动);通过立法(让受害者予以起诉;采取可解的行动以降低这些受害者的诉讼费用)。

有的人主张,公共物品实行公共供给是必要的,但是政府须提供所需的资金。至于公共产品(如国防)应由公共部门还是私人部门进行生产的问题他们一点也没有提及。

同样正确的是,由于诸多原因,政府制定了政策以保障人们得到一定的服务,如医疗保健和教育。人们虽然没有创造这些服务,但是仍然可以获得。

事实上,政府的确购买了私人部门的许多产品和服务。在美国,据估计,军队从私人生产商那里至少购买了25%的产品和服务,医疗保健、老年医疗保健服务几乎是由私人供应商提供的。

简言之,即使做出了关于政府干预有存在的价值的判断,人们还必须解决以下问题:(a)政府生产和利用私人生产商的政府供给之比较;(b)(和政府生产相关联的)直接调控和间接调控(如通过法规制度、政府竞争)之比较。

在最近的一篇文章中,萨平顿和斯蒂格利茨(Sappington and Stiglitz, 1987b)提出了一个定理,即根据政府生产的基本要求所制定的供应条件通过私人部门完全可以实现。特别地,他们指出,政府如果让渡出生产产品权,那么它就能(对于一种经过恰当设计的让渡而言)达到以下三点目的:

①经济效率:……保证让在生产方面有相对优势的企业去生产,并且政府向它们提供适当的生产技术和支持;②公平:……实现了……分配目的;③租金的收取:……从生产者那里收取尽可能多的租金(如利润)。

如果这一定理的条件得以满足,那么政府生产就没有存在的必要,就像如果福利经济学基本定理的条件得以满足,政府干预在私人市场的决策中就没有存在的必要一样。但是,和福利经济学基本定理所要求的条件相比,私有化基本定理的条件就更加严格。像标准福利定理一样,它要求具备竞争、信息的非对称性的缺乏、有关签订合同能力的规则的缺乏。此外,私有化定理还要求企业是中性风险企业。

私有化基本定理可以从两个方面进行考察:首先,它强调,在某些情况下,社会目标通过私人生产——没有必要求助于公共生产——去实现。但其次,它又强调,在大多数情况下,私人生产不能实现政府所有的政策目标。

但这并不意味着,由于我们上面指出的原因,政府生产就将占据"半壁江山"。对于这种情况的特殊性,我们应予以仔细考察以期做出有关政府适当作用的判断。

政府纠正市场失灵的四大优势

政府的显著特征——拥有全体的社会成员和强制力——使政府在纠正市场失灵方面具有某些明显优势。

(1)征税权

首先,政府能征税。假设一家保险公司认识到,吸烟增加了提供保险的风险,然而,它不能监督任何人的吸烟,它只能劝阻吸烟;而且,它更不能对香烟征税。然而,政府可以做到这一点。政府虽然不能监管每一个人的吸烟数量(在此意义上,和私人部门相比,政府没有信息上的优势),但是它可以监控生产。在生产中,由于规模经济的存在,因此,对大多数产品而言,只有有限的一些生产厂家。这就表明,和消费相比,生产更易于监督。(因而,政府能监督每一生产厂家的规模。但是监督消费者是没有用处的,因为对个人来说,重复购买商品是比较容易的。)

(2)禁止权

其次,政府能禁止某些活动。如果没有政府的授权,那么任何企业不能禁止其他企业进入某一市场。我们来看一个例子以说明政府行使禁止权是必要的。我们知道,当存在固定成本时,政府应制定超过边际成本的价格。为了增加补贴固定成本所需的费用,最优定价机制会使某些商品的价格非常高(如,某些商品的需求弹性为零,提高价格对它们所造成的影响是有限的),而且还使利用效率很低的技术生产的商品的价格非常高(如果不利用较先进的技术,商品的固定成本就会增大,因而须把这较高的固定成本分摊到几种商品上)。在原则上,限制这些商品进入市场可以增进福利。(参看 Atkinson and Stiglitz,1980 对定价原则的讨论;以及 Sappington and Stiglitz,1987a 对限制进入市场所产生的影响的分析。)

（3）处罚权

再次,现今的法律制度对有效合同的范围尤其是对于违约合同的处罚做出了规定。有限责任债务限定了个人可能遭受的损益,既使没有有限责任债务,破产法也做出了进一步的限制。毕竟,人们不能以自身作抵押。和私人签订的合同相比,政府能够而且可以实施一系列更严厉的处罚(如对于污染)。

（4）交易成本

最后,正如我们在科斯谬见的讨论①中所看到的,政府在纠正某些市场失灵方面具有一定的交易费用优势。

组织费用。例如,建立——新的自愿组织——去解决市场失灵的某一特定问题是毫无用处的,但是,对于——进步的组织——政府而言,引起它对这个问题的关注是有价值的。

搭便车问题。我们还看到,搭便车(公共物品)问题是如何提升交易成本的,而公共供给能够避免这一点。

不完善信息市场。此外,还存在和当期市场相关联的大量费用,这些费用是和津贴相比而言的。用于交易成本的保险费的数量是很大的——津贴往往不到所支付的保险费的60%。支撑社会福利制度运转的费用则更低。

这些费用中的一部分是和消费者"相配"政策("matching" policies with customers)相关联的。不同的人有不同的需求,商人的重要任务就是力求向每一消费者供应与其需求相适合的商品。但是,有的人会提出一个问题:对于收入不同、财产不同、家属也不一样的人来说,他们对于人寿保险的需要是很不相同的,那么,这些需要可以说明这些巨大的消费吗?但是,我们也不得不问一个问题:如果普遍地强制性地要人们加入人寿保险,那么每个人(或者大多数人)都会变得更好吗?

---

① 参见［美］约瑟夫·斯蒂格利茨:《政府为什么干预经济——政府在市场经济中的角色》,郑秉文译,中国物资出版社,1998年,第59~68页。

某些信息问题是由市场自身造成的。每一企业都力求使自己的产品和竞争对手不同。不仅如此,每一企业还力图利用消费者可得到的有限信息做文章。[美国最成功的保险公司中的一家通过出售可能性低,但极令人厌恶的保险(如骨癌保险)获取了大量的收入,人们都愿意每天花上几分钱加入保险以预防这些可怕的疾病,然而却没有人指出,他们正重复缴纳保险公司统计员所津津乐道的保险费。]

逆向选择。有些交易成本导致了逆向选择问题的产生:好的被保险人不愿资助不好的被保险人;每一保险公司都想拥有一好的被保险人群体。因此,保险公司尝试了一系列的方法以做到这一点。从社会作为一整体的角度看,这些费用实际上是租金收入再分配的费用。显而易见,如果他们在租金收入再分配中所得到的低于他们所损失的,那么在这种情况下,这些费用就是不经济的。不仅如此,从表面情况看,每个人都可能有损失,即,如果在保险公司客观统计的基础上向每个人提供统一的政策,那么拥有良好的被保险人的保险公司就不会变得更坏(如果把交易费用、保险最高限额等因素考虑在内)(Stiglitz,1975)。因而,政府是唯一有能力和社会成员相平衡的组织。

选自[美]斯蒂格利茨:《政府为什么干预经济——政府在市场经济中的角色》,郑秉文译,中国物资出版社,1998年,第69~77页。

6. 维托·坦茨[*]:

政府未来的经济职能

政府的经济作用是必要的

21世纪,政府应当或者可能在经济中发挥什么作用? 这取决于多种因素。在前面几章中,我们分析了19世纪以来政府职能的演变,讲述了政府是如何在不同支出和税收水平下发挥不同的经济职能的。20世纪30年代以前,尽管政府支出(和税收收入)已经连续几十年上升,但以现代标准来衡量仍然处于较低水平。例如,1930年,瑞典和美国的政府支出(和税收收入)仅占国内生产总值的15%。相比之下,2009年和2010年,美国和英国仅财政赤字就接近其国内生产总值的15%。低税收、低支出下的"小政府"在那个时代看来是正常的,不过,当时包括凯恩斯在内的一些经济学家已经开始呼吁政府加强市场干预,曾经在19世纪非常盛行的自由放任主义不再受欢迎。社会力量发生了变化,一些力量争取到越来越多的政治权力,他们开始将政府视为推动社会变革的重要工具。

---

[*]　维托·坦茨(Vito Tanzi),国际货币基金组织财政事务部主任,于1967年获得哈佛大学经济学博士学位,曾任意大利经济财政部副部长,曾以"坦茨效应"闻名于世。"坦茨效应"是指在高通胀时期,由于征税具有滞后性,会造成税收收入实际价值的下降。主要代表作有:《政府与市场:变革中的政府职能》《20世纪的公共支出:全球视野》和《通货膨胀与个人所得税》等。

在 19 世纪后半叶和 20 世纪的大部分时间里,有一种新思潮逐渐流行起来,即增加政府支出有助于满足社会需要并提升公共福利。这一时期,大多数发达国家的政府支出(和税收收入)占国内生产总值的比重呈现持续上升的趋势。正如乔治·约瑟夫·施蒂格勒在半个世纪前所说的那样,政府每一次扩大支出看起来都是理由充分的。一般而言,与为融资而征税(或增加政府债务)所增加的潜在成本相比,由支出增加而带来的收益增加会受到更多的关注。经济学研究了这一现象。早在 500 年前,尼科洛·马基雅维里就在其经典著作《君主论》(*The Prince*)中指出,受益主体一般比较明确,难的是确定谁将负担成本,因为成本负担者必须是那些很难形成统一力量反对政府支出、征税或融资借款的群体。

随着历史的演进,增加政府支出越来越多地与一些救助方案捆绑在一起,这些救助方案一旦通过,政府支出就很难再减少。这为政府赢得了政治选民,也让民众相信政府支出带来的收益将转化为"权益"或者对社会的法定要求权。在这种情况下,政府预算不断增大,灵活性不断降低,未来政府可自由支配的支出在总支出中所占的比例下降。目前,在大多数年度预算中,政府真正可以自由支配的支出在总支出中的占比一般很小。如果不进行根本性的变革,政府很难削减支出。

如果一国民众(或者一个政治集团)认为政府有增加支出的空间,民众要求政府增加支出的呼声就不会停止。理论上,增加政府支出的要求可能是无止境的,同时,也会有更多的政治集团联合起来,迫使政府增加支出或采取能使他们受益的行动。如果增加政府支出的成本是分散的(例如,进行政府借款和征收普通税),增加政府支出的收益却主要由几个特定集团享有(在实施救助方案时一般如此),政府就会面临增加支出的压力。尤其是在"政府应当发挥更大作用"的观点被越来越多的人接受时,只要能在政治上得到回报(很多民主政府都声称,它们试图通过慷慨的政府支出方案促进社会公平),增加政府支出的要求就不会有止境。在宪法中规定限制政府支出的条款(就像瑞士那样)有助于应对增加政府支出的压力。然而,即便是在瑞士,在过去几年中,政府支出也大幅增加了。

综上所述,现实世界中并不存在政治意义上的"最优"政府支出水平,也不存在经济意义上的"最佳"政府职能范围,这一点与大多数经济学文献的研究结论是不同的。有关公共产品和市场失灵的经济学文献认为,政府可以在诸如纠正市场失灵、提供公共产品等方面发挥作用,即存在非政治的、经济意义上"最佳"的政府职能范围。然而,现实世界中政府的经济职能在很大程度上由政治因素决定,并受到融资难易程度的约束;同时,政治和制度安排(宪法和财政规则等)也可能降低或增加决策者抵制不同集团要求的难度。从这个角度讲,保罗·萨缪尔森所谓"无法从逻辑上推出政府应发挥多大作用"的说法不无道理。

在一个民主化的市场经济环境下,政治对包括资源配置、收入再分配和经济稳定在内的所有政府职能均具有直接影响,政治甚至还会对促进经济增长和增加就业等定义不太明确的职能产生影响。我们之前的研究发现,在 20 世纪后半叶,政府提供公共产品的职能已经被弱化,取而代之的是收入再分配(分配职能)、对特定风险的防范(保险职能)和稳定经济等职能。事实上,对于一个社会而言,与收入再分配和稳定经济相比,提供公共产品是政府最根本的职能。从历史上看,在收入再分配和稳定经济两项职能缺失的情况下,社会已经延续了上千年。但是,如果政府不能提供基本公共产品(例如国防、司法和个人保护),社会可能无法存续。与过去半个世纪相比,政府提供公共产品的职能在未来几十年应当得到更多关注,并且可以采取与过去不同的形式。

来自美国的一组数据可作为以上研究结果的补充。从 1970 年至 2000 年,美国联邦政府的支出(国民收入和生产账户数据)在国内生产总值中的占比下降了 5 个百分点至 6 个百分点。2000 年以来,这一比例虽小幅上升,但仍处于较低水平,与一个世纪之前的水平相差无几。然而,同期的政府转移支付却大幅上升,甚至超过联邦政府的税收收入。也就是说,如果美国政府只发挥资源配置的职能(主要表现为政府购买),那么,政府支出水平和税收水平将会非常低(数据来自 Macron and Toder,2011)。

未来可能改变政府职能的因素

我们在第十章曾经指出,"公共财政理论过分注重将政府支出和税收作为财政政策工具,其实,为了履行职能,政府完全可以运用更多的政策工具。当国家无法提高税收却不得不增加政府支出时,政府支出和税收以外的其他政策工具,尤其是监管工具和与政府或有负债相关的工具就会变得非常重要。鉴于许多国家已很难继续提高税收水平,税收收入不足以应付政府支出的情况可能很快就会出现"。因此,对政府职能的评估并不仅仅是对税收收入和政府支出的水平及结构的评估。即便税收收入和政府支出不发生重大变化,政府职能也有可能发生很大改变。政府支出和税收以外的其他政策工具应得到更多重视,尽管这会给监管带来一定的困难。政府支出和税收以外的其他类政策工具已经在2008—2009年的全球金融经济危机期间发挥了重要作用,未来还可能发挥更大的作用。

到目前为止,我们关于政府职能的讨论仅限于国家层面,而且主要集中在一国政府能够在其境内发挥的作用上。隐含的假设是一国政府的职能止于国境,境外活动不在政府的职能范围之内。然而,当今世界,全球化进程日益加快,各国之间的联系越来越紧密,国与国之间的"溢出效应"越来越明显,而且"溢出效应"越来越多地来自跨国金融活动。随着不在政府直接控制范围内的活动对一国的影响越来越大,资源配置、收入再分配和稳定经济就不再只是国家层面的问题,而是越来越具有国际性的问题。

受全球化、新技术、金融市场发展、经济和人口增长、移民及其他因素的影响,收入再分配和稳定经济的国际性特点越来越重要。从某种意义上讲,国与国间的空间距离缩小了,外部性和关联性增大了。

当今世界,各国政府联合提供全球公共产品(或处理公害物品)、进行资源配置的迫切性日益上升,一国政府再也不能仅仅根据国内总需求的变化进行资源配置、应对外部性、提供公共产品以及处理公害物品了。与环境、金融市场、气候变化和全球变暖、全球传染病、空气和海洋污染、海洋生物过度开发、全球恐怖主义(一些可能涉及原子能设施和生物制剂)、跨国犯罪、全球争端等相关的全球问题都具有全球公共产品(或公害物品)的性质,能够在国与国之间产生巨大的外部性,单凭一国政府根本无力应对,而在国际层面又没有"看不见的手"进行统一协调。此外,区域公共产品(或公害物品)也逐渐受到各自区域当局越来越多的关注。

稳定经济和收入再分配也具有国际性特点。在传统上,稳定经济是与特定的国家政策相联系的。过去,凯恩斯主义认为,稳定经济是逆周期政策发挥作用的方式。即对一个国家而言,如果出现经济放缓,政府就应当实行扩张性财政政策和货币政策,以应对有效需求不足。正如理查德·马斯格雷夫(1959)在其颇具影响力的著作中所称,在我们将政府视为影响需求的"平衡因素"时,事实上,我们认为政府正在发挥稳定经济的职能。经济开放、金融市场全球化及其他全球化因素降低了一国政府逆周期政策的效力,减弱了一国采取独立行动的能力,每个国家都会受到其他国家越来越大的影响。近期的研究表明,经济开放度的提高降低了财政政策乘数。

为提高稳定经济政策的有效性,国际合作与国际协调越来越重要。由于不存在一个全球性政府或一个统一的机制来保证各国采取联合行动,各国政府首脑和经济官员定期召开国际会议,国际货币基金组织、欧盟、经济合作与发展组织和联合国等国际机构也发挥着日益重要的作用,这些机制在一定程度上扮演了全球性政府的角色,而且这一角色的重要性未来可能还会进一步提升。一国政府必须对自己的职能进行调整,为发展全球性政府贡献力量。任何政府都不应将自己作为特例而试图超越全球协调。

有人可能认为,至少收入再分配仍然是严格意义上的政府职能。20世纪,收入再分配在许多国家发挥了重要作用,促进了政府支出增长。但是,在各国经济联系日益紧密的今天,国与国间的负外部性已经对全球的收入分配产生了直接或间接的影响。例如,穷国向富国输出非法移民、毒品,以及具有犯罪倾向的人口,带来了巨大的负外部性。这个问题在欧洲、亚洲和一些美洲国家尤其严重，非法移民已成为这些国家街头巷尾的热议话题。如果富国能增加对穷国的经济援助，帮助穷国发展经济、创造就业、减少移民，这方面的负外部性就会大大降低。另一方面，富国也会产生负外部性，例如，富国带来的环境问题会导致全球气候变暖。降低这方面的负外部性也符合穷国的利益。

收入分配不均不仅存在于一国内部，还存在于国与国之间。我们估计，全球的基尼系数一定非常高，因为富国的收入在全世界总收入中的占比远远高于富国人口在全世界总人口中的占比。许多政府在国内经济中扮演着收入再分配的角色，但却很少有政府关注国与国之间的收入再分配问题。目前，还没有一个全球性政府或国际机构有能力促成国与国之间的收入转移。同时，由于外国人无法参与国内选举，要求富国在国与国之间进行收入再分配的国际压力也显然没有国内压力有效。联合国和世界银行（在某种程度上，这些机构可以被视为全球性政府的代理部门）等国际机构施加压力的作用有限（Tanzi，2008）。未来，富国向穷国转移部分收入的压力可能增大，各国联合应对全球和区域公共产品（或公害物品）的压力也可能增大，尽管目前看来这些还都是遥远的事情。

以上例子表明，如果在国际层面没有"看不见的手"引导各国采取行动达到最优，国际社会就有必要统一协调各国政策。以上例子还表明，国家与国际的重要区别在于，国家是有政府的，但在国际上，没有一个国际机构能够扮演全球性政府的角色。鉴于国际性因素越来越重要，各国政府在采取行动时必须更多地考虑国际层面的影响。例如，各国政府可以通过国际机构进行支出，也可以由一些国家的政府直接在全球范围内进行收入再分配，向穷国转移部分收入。另外，各国还可以通过一些国际协议协调行动，这些协议并不一定附有具体（约束性？）的监管举措。未来，这样的活动将越来越普遍，而这将在一定程度上改变现有的政府职能（Tanzi，2008，2009a）。

选自［美］维托·坦茨：《政府与市场：变革中的政府职能》，王宇等译，商务印书馆，2014 年，第 339～345 页。

三

深化改革 增强制度效益

1. 增长必须是实实在在和没有水分的增长

在经济体制改革方面，邓小平开启了社会主义市场经济体制改革的先河，将社会主义与市场经济结合，创造性地提出了社会主义市场经济体制。他在南方谈话时指出："计划多一点还是市场多一点，不是社会主义与资本主义的本质区别。计划经济不等于社会主义，资本主义也有计划；市场经济不等于资本主义，社会主义也有市场。计划和市场都是经济手段。社会主义的本质，是解放生产力，发展生产力，消灭剥削，消除两极分化，最终达到共同富裕。就是要对大家讲这个道理。证券、股市，这些东西究竟好不好，有没有危险，是不是资本主义独有的东西，社会主义能不能用？允许看，但要坚决地试。看对了，搞一两年对了，放开；错了，纠正，关了就是了。关，也可以快关，也可以慢关，也可以留一点尾巴。怕什么，坚持这种态度就不要紧，就不会犯大错误。总之，社会主义要赢得与资本主义相比较的优势，就必须大胆吸收和借鉴人类社会创造的一切文明成果，吸收和借鉴当今世界各国包括资本主义发达国家的一切反映现代社会化生产规律的先进经营方式、管理方法。"[1]

经济体制的改革，使中国经济高速增长，但正如江泽民所指出的："问题往往出在偏重数量扩张，单纯追求增长速度，而忽视经济质量，效益不理想，

---

[1] 《邓小平文选》（第三卷），人民出版社，1993年，第372页。

整体素质不高。这是我们今后经济工作中需要认真解决的一个关键问题。"①也就是说,经济增长速度并不是经济发展的唯一追求,在经济高速增长的同时,也要充分关注经济发展的质量问题。关于如何正确处理速度和效益的关系,江泽民认为:"正确处理速度和效益的关系,必须更新发展思路,实现经济增长方式从粗放型向集约型的转变。这种转变的基本要求是,从主要依靠增加投入、铺新摊子、追求数量,转到主要依靠科技进步和提高劳动者素质上来,转到以经济效益为中心的轨道上来。这一思想,早在改革开放之初就已明确提出,虽然取得了一定进展,但总体效果还不明显。其原因是复杂的、多方面的,最主要的是经济体制和运行机制的问题。因此,全党要提高对转变经济增长方式重大意义的认识,通过深化改革,加快建立有利于提高经济效益的社会主义市场经济体制及运行机制。同时,从法制建设、政策实施、规划制定等多方面采取综合配套措施,切实把提高经济效益作为经济工作的中心。"②

在新时期如何深化经济体制改革,从而提高制度效益,胡锦涛在党的十八大报告中指出:"深化改革是加快转变经济发展方式的关键。经济体制改革的核心问题是处理好政府和市场的关系,必须更加尊重市场规律,更好发挥政府作用。要毫不动摇巩固和发展公有制经济,推行公有制多种实现形式,深化国有企业改革,完善各类国有资产管理体制,推动国有资本更多投向关系国家安全和国民经济命脉的重要行业和关键领域,不断增强国有经济活力、控制力、影响力。毫不动摇鼓励、支持、引导非公有制经济发展,保证各种所有制经济依法平等使用生产要素、公平参与市场竞争、同等受到法律保护。健全现代市场体系,加强宏观调控目标和政策手段机制化建设。加快改革财税体制,健全中央和地方财力与事权相匹配的体制,完善促进基本公共服务均等化和主体功能区建设的公共财政体系,构建地方税体系,形

---

① 《江泽民文选》(第一卷),人民出版社,2006 年,第 460 页。
② 同上,第 461 页。

成有利于结构优化、社会公平的税收制度。建立公共资源出让收益合理共享机制。"①针对金融体制改革问题,胡锦涛认为:"深化金融体制改革,健全促进宏观经济稳定、支持实体经济发展的现代金融体系,加快发展多层次资本市场,稳步推进利率和汇率市场化改革,逐步实现人民币资本项目可兑换。加快发展民营金融机构。完善金融监管,推进金融创新,提高银行、证券、保险等行业竞争力,维护金融稳定。"②

新时代,随着我国经济从高速增长转向高质量发展阶段,提高经济发展的制度效益,成为全面深化改革的核心目标。习近平在党的十九大报告中指出:"我国经济已由高速增长阶段转向高质量发展阶段,正处在转变发展方式、优化经济结构、转换增长动力的攻关期,建设现代化经济体系是跨越关口的迫切要求和我国发展的战略目标。必须坚持质量第一、效益优先,以供给侧结构性改革为主线,推动经济发展质量变革、效率变革、动力变革,提高全要素生产率,着力加快建设实体经济、科技创新、现代金融、人力资源协同发展的产业体系,着力构建市场机制有效、微观主体有活力、宏观调控有度的经济体制,不断增强我国经济创新力和竞争力。"③面对新时代经济形势的变化,习近平强调要保证经济增长是没有水分的增长,指出:"一是要保持经济增长,继续实施积极的财政政策和稳健的货币政策,增强经济增长的内生活力和动力,增长必须是实实在在和没有水分的增长,是有效益、有质量、可持续的增长。二是要加强和巩固农业基础地位,加大对农业的支持力度,加强和完善强农惠农富农政策,加快发展现代农业,确保国家粮食和重要农产品有效供给。三是要推动结构调整取得明显进展,在稳定外需的同时务力扩大内需,加大产业结构调整升级力度,稳步推进城镇化健康发展。四是要坚持社会主义市场经济改革方向,搞好顶层设计,及时推出一些有针对性

①② 胡锦涛:《坚定不移沿着中国特色社会主义道路前进 为全面建成小康社会而奋斗——在中国共产党第十八次全国代表大会上的报告》,人民出版社,2012年,第19页。
③ 习近平:《决胜全面建成小康社会 夺取新时代中国特色社会主义伟大胜利——在中国共产党第十九次全国代表大会上的报告》,人民出版社,2017年,第30页。

的改革措施,坚持整体渐进和局部突破相结合,大胆探索,务求实效。五是要大力保障和改善民生,重点保障低收入群众基本生活,做好高校大学生生活困难补助,注重稳定和扩大就业,加强城乡社会保障体系建设,引导群众树立通过勤劳致富改善生活的信念,从而使改善民生既是党和政府工作的方向,又成为广大人民群众自身奋斗的目标。"①

---

① 《习近平谈治国理政》,外文出版社,2014 年,第 111 页。

2.约翰·洛克斯·康芒斯[*]:

制度决定论之"法制决定论"

这三种活动单位(指买卖的交易、管理的交易和限额的交易——编者注)包罗了经济学里的一切活动。买卖的交易,通过法律上平等的人们自愿的同意,转移财富的所有权。管理的交易用法律上的上级的命令创造财富。限额的交易,由法律上的上级指定,分派财富创造的负担和利益。既然这些交易是地位平等的人们之间或者上级和下级之间的社会活动的单位,它们的性质是伦理的,也是法律的和经济的。

这三种类型的交易合在一起成为经济研究上的一个较大的单位,根据英美的惯例,这叫作"运行中的机构"。这种运行中的机构,有业务规则使得它们运转不停;这种组织,从家庭、公司、工会、同业协会,直到国家本身,我们称为"制度"。消极的不活动的概念是一种"团体";积极的活动的概念是一个"运行中的机构"。

要给所谓"制度经济学"规定一个范围,颇有困难,因为"制度"这个名词的意义不确定。有时候一个制度似乎可以比作一座建筑物,一种法律和规

---

* 约翰·洛克斯·康芒斯(John R. Commons,1862—1945),美国经济学家,制度经济学派的早期代表人物之一,在其代表作《制度经济学》中阐述了"交易"的产权性质等诸多制度经济学的基本概念,也为产权经济学奠定了基础。主要代表作有:《资本主义的法律基础》(1924)、《制度经济学:它在政治经济学中的地位》(1934)等。

章的结构,正像房屋里的居住人那样,个人在这结构里面活动,有时候它似乎意味着居住人本身的"行为"。有时候凡是古典或者快乐主义经济学以外的、或是对它们批评的东西,都被认为是制度的。有时候凡是"动的"不是"静的"东西,或是讲"程序"不讲商品,或是讲活动不讲感觉、讲管理不讲平衡、讲控制不讲放任的东西,似乎就是制度经济学。

　　所有这些意思,没有疑问,都包含在制度经济学里面,可是可以说它们是一些比喻或形容,而经济行为的科学却需要分析到原则——就是因、果或目的的相同点——并且把许多原则合成一个统一的体系。再说,制度经济学不能把它自己和先进的古典派及心理学派经济学家分割开来。然而,它应该把共产主义、无政府主义、工团主义、法西斯主义、合作主义,和工会主义经济学家们的同样重要的发现一起包罗进去。没有疑问,正是这种想要用罗列的方式包括这一切互不相关的努力,使制度经济学这个名称被人们认为具有一种五花八门、莫名其妙,然而仅仅是叙述的性质,类似那种早已使得早期的不成熟的历史学派不能在经济学里立足的情况。

　　如果我们要找出一种普遍的原则,适用于一切所谓属于制度的行为,我们可以把制度解释为"集体行动控制个体行动"。

　　集体行动的种类和范围甚广,从无组织的习俗到那许多有组织的所谓"运行中的机构",例如家庭、公司、控股公司、同业协会、工会、联邦准备银行、"联合事业的集团",以及国家。大家所共有的原则或多或少是个体行动受集体行动的控制。

　　这种对一个人的行为的控制,其目的和结果总是对其他的个人有益。如果问题是执行一项契约,债务完全等于为了另一方的利益而造成的债权。债务是一种可以集体地强迫履行的义务,而债权是一种等值的权利,由于造成那义务而造成的。结果所产生的社会关系是一种"经济的状态",由指导双方经济行为的预期所构成。在债务和义务的一面,是对集体行动"服从"的状态,在债权和权利的一面,是一种由于对上述服从的预期而产生的安全的状态。这叫做"无形体的"财产。

或者,集体控制采取一种禁例的方式,禁止某些行为,例如干涉、侵害及侵入房屋,这种禁例给那个因此可以免于受害的人造成一种经济上的"自由"状态。可是一个人的自由可以给另一个有相互关系的人带来未来的利益或损失,这样造成的经济状态是"暴露于对方的自由"。雇主暴露于雇员有工作或离去的自由,雇员暴露于雇主有雇用或解雇的自由。这种"暴露-自由"的关系,人们正逐渐地辨别清楚,作为"无形的"财产,像企业的商誉、营业的特许权、专利品商标等等那样的东西,种类很多。

为个人决定这些彼此有关的和交互的经济关系的业务规则,可以由一个公司、一个卡特尔、一家控股公司、一个合作事业协会、一个工会、一个雇主联合会、一个同业协会、两个协会的联合贸易协定、一个交易所或者贸易委员会、一个政党,或是国家本身(在美国制度里是通过最高法院)规定和实行。实际上,私人商业组织的这些经济的集体行为有时候比政治组织——国家——的集体行动更有力量。

用伦理和法律的说法来说,一切集体的行为建立权利、义务、没有权利和没有义务的社会关系。用个人行为的说法来说,集体行为所要求的是个人的实行、避免和克制。从结果造成的个人的经济状态来说,集体行动所产生的是"安全""服从""自由"和"暴露"。从因、果和目的来说,贯穿着一切经济行为的共同原则,作为一种限制的和补充的互相依存关系的,是"稀少性""效率""未来性"、集体行动的"业务规则"和"统治权"。从业务规则对个人行动的作用来说,集体行动表现在那些助动词上,所谓个人能、不能、必须这样、必须不这样、可以,或者不可以做。他"能"或者"不能",因为集体行动会或者不会帮助他。他"必须这样"或者"必须不这样",因为集体行动会强迫他。他"可以",因为集体行动会准许他并且保护他。他"不可以",因为集体行动会阻止他。

正是因为这些行为上的助动词,所以"业务规则"这个熟悉的名词适合于表示一切集体行动所共有的那种因、果,或目的的普遍原则。业务规则在一种制度的历史上是不断改变的,包括国家和一切私人组织在内,对不同的制度,业务规则不同。它们有时候叫作行为的准则。亚当·斯密把它们叫作课税的原则,最高法院把它们叫作合理的标准,或是合法程序。可是,不管它们有什么不同以及用什么不同的名义,却有这一点相同:它们指出个人能或不能做、必须这样或必须不这样做、可以或不可以做的事,由集体行动使其实现。

这些集体制裁的分析提供了那种经济学、法学和伦理学的相互关系,这是制度经济学的必要条件。休谟在稀少性的原则和由此产生的利益冲突里发现了这些社会科学的统一。亚当·斯密把经济学孤立起来,假定了神的恩赐、世间的丰裕和由此产生的利益协调。制度经济学溯源于休谟。我们得到休谟的启发,又看到现代产生了“商业伦理”这种名词,因而体会到伦理学所研究的是行为的准则,这些准则起因于利益冲突而由集体意见的道德制裁使其必须实行。经济学研究同样的行为的准则,由关于经济利益或损失的集体制裁使其必须实行。法学研究同样的准则,由有组织的暴力的制裁加以执行。制度经济学不断地在研究这三种制裁的相对的优点。

从集体行动通过各种不同制裁控制个体行动这种普遍的原理产生了权利、义务、无权利、无义务这些法律上的关系,以及种种经济上的关系——不仅是“安全”“服从”“自由”和“暴露”,而且有“资产和负债”的关系。实际上,制度经济学的资料和研究方法,一大部分是从公司财政学中得来,那里面有容易变化的资产和负债,而不是来自个人的欲望和劳动、痛苦和快乐、财富和幸福,或者效用和反效用这些说法。制度经济学所研究的是“业务机构的资产和负债”,不同于亚当·斯密的“国家的财富”。在国家与国家之间,那是国际收支差额中的“贷方”和“借方”。

集体行动在无组织的习俗形式中比在有组织的团体中还要更普遍一些。而且,甚至一个运行中的机构也是一种习俗。习俗还没有让位给自由契约和竞争,像梅恩爵士所讲的那样。习俗只随着经济情况的变化而变化,它们在今天可能还是非常命令性的,连一个独裁者也没法推翻它们。一个商人不肯或不能运用现代信用制度的习惯,不肯接受或开发有偿付能力的银行的支票，就完全不能靠做现金交易继续营业，虽然支票不过是私人安排的办法，并不是法币。这些工具是习惯的货币，而不是法币，在它们背后有着强有力的利润、损失和竞争的制裁，使人们不得不服从。其他具有命令性的风俗习惯也可以提一下，例如七点钟上工和六点钟下工，或是习惯的生活标准。

可是，这种习惯的标准经常在变化：它们缺乏精确性，因而引起有关利益冲突的争执。如果这种争执发生，就由一个有组织的团体的负责人员分析研究，把习俗弄得非常精确，加上一种有组织的法律的或经济的认可；这种团体，可能是信用协会、公司的经理、证券交易所、贸易委员会、商事或劳动仲裁人或者最后是法庭，直到美国最高法院为止。

这是用"以判决纠纷来制造法律"的习惯法方法实行的。那些判决，由于成为前例，暂时成为那特殊的有组织的团体的"业务规则"。英美法学中历史上有名的"习惯法"只是一个特殊的例子，代表那一切现存团体共同适用的一般原则，就是通过判决利益冲突来制造新法律，这样使习俗或伦理的那种未经组织的"业务规则"取得较大程度的精确性和有组织的强制力。习惯法的方法在一切集体行动中是普遍的，可是英美法律家的那种专门的"习惯法"是一大堆远溯封建时代的判例。总而言之，习惯法的方法，或者行动的方法，本身就是一种习俗：具有变化的可能性，和其他的习俗一样。它是一切现行机构的集体行动在发生矛盾时对个体行动发生影响的方法。它和成文法不同，因为是在判断纠纷时法官造成的法律。

集体行动不仅是对个体行动的控制——它通过控制的行为，正如那些助动词所表示的，是一种对个体行动的解放，使其免受强迫、威胁、歧视，或者不公平的竞争，由于对其他个体加以抑制。

而且集体行动还不仅是对个体行动的抑制和解放——它是个体的意志的扩张，扩张到远远超过他靠自己的微弱的行为所能做到的范围。一个大公司的首脑发出命令，在天涯海角执行他的意志。

既然某些人得到的解放和扩张是由于为了他们的利益而对其他的人做

了抑制,同时制度的简单扼要的定义是集体行动控制个体行动,那末由此推论出来的定义就是:集体行动抑制、解放和扩张个体行动。

这种个体行动真正是"交互影响的行动"——就是,个体之间的行动——同时也是个体的行为。正是这种从商品、个人和交换转移到交易关系和集体行动的业务规则,标志着经济思想从古典学派和快乐主义学派转变到制度学派。这种转移是经济研究的根本单位的改变,从商品和个人改变到个人之间的交易。

如果有人认为个人毕竟是重要的,那末我们在讨论的那种个人是已经"制度化的头脑"。个人是从婴儿开始的。他们学习种种风俗习惯,学习语言,学习和其他的个人合作,学习为共同的目标而工作,学习通过谈判来消除利益冲突,学习服从许多机构的业务规则,在这些机构里他们是成员。他们彼此见面,不是作为生理学上的身体由各种腺体维持着它的活动,也不是作为"欲望的血球"受痛苦和快乐的激动,好像物理性的和动物性的力一样,而是或多或少地已经受了习惯的训练,在习俗的压力下,准备参加人类集体意志所造成的那种极端不自然的交易关系。在物理学、生物学、主观心理学,或是德国的形态心理学里他们不出现,可是他们出现于人类在谋取生活中发生冲突和依存关系并且需要秩序的地方。他们这些参加活动者不是个人,而是一个现行机构的公民。他们不是自然的力,而是人性的力。他们不是快乐主义经济学家所讲的那种机械的千篇一律的欲望的化身,而是变化多端的人格。他们不是自然状态中孤立的个人,而是各种交易的经常参加者;是一种机构的成员,在这个机构里他们来来去去;是一种制度里的公民,这种制度在他们以前已经存在,在他们以后还会存在。

选自[美]康芒斯:《制度经济学》(上册),于树生译,商务印书馆,2006年,第86~93页。

3. 卡尔·波兰尼[*]：

市场制度的演进

市场制度的演进

确凿无疑的是，从已有的证据看，断言地方市场曾发源于个体的交换行为是一个很轻率的举动。尽管人们对地方市场的起源了解甚少，但做下述判断是有把握的：从一开始，这一制度就被一系列防护措施加以隔离，以保护社会中的主要经济组织免受市场活动的干扰。市场的和平存在是以各种仪式和礼节作为代价的，这些仪式和礼节一方面限制了市场的规模，另一方面保证了市场能够在给定的狭窄空间中运转。实际上，市场最为重要的成果——城市和城市文明的诞生——恰恰是某种悖论性发展的产物。因为，城镇，作为市场的衍生物，不仅仅是市场的保护者，同时也是阻止它们向乡村扩张、防止它们侵蚀社会主要经济组织的手段。"容纳（contain）"这个词的两层意思也许最为贴切地表达了城镇的这种双重功能：它既屏护了市场，又阻止了市场的发展。

---

* 卡尔·波兰尼（Karl Polanyi，1886—1964），匈牙利哲学家、政治经济学家，被认为是 20 世纪最彻底、最有辨识力的经济史学家。当法西斯主义兴起时，他离开了出生的匈牙利，成为英国公民。在其学术生涯中，曾先后在牛津大学的本宁顿学院和伦敦大学教书。著有《法西斯主义的本质》《大转型》和《达荷美和奴隶贸易》（与 A. 罗特施泰因合作）等。

西欧国内市场实际上是由国家干预所创造的。直到商业革命（Commercial Revolution）时代，对我们而言似乎是全国性贸易的那些活动其实并不是全国性的，而是地方性的。汉泽同盟（the Hanse）其实并不是由德国商人组成的，它们是一个由贸易寡头组成的法人团体，其成员来自北海和波罗的海沿岸城镇。汉泽同盟所做的远非将德国经济生活"国家化"，而是有意将内地从贸易中撇掉。安特卫普或者汉堡、威尼斯或者里昂的贸易，在任何意义上都不属于荷兰或者德国、意大利或者法国。伦敦也不例外：它属于"英国的"成分就像鲁贝克（Luebeck）属于德国的一样少。这个阶段的欧洲贸易地图仅仅通过城镇来表示，乡村处在空白之中——就有组织的贸易而言，乡村存不存在都没什么不同。所谓的国家在当时仅仅是非常松散的政治单元，它在经济上是由无数大小不一、自给自足的家庭和乡村中不起眼的地方市场组成的。贸易局限于有组织的城镇，这些城镇要么组织起邻里性的地方贸易，要么担负起远程贸易——这两者之间被严格区分，并且任何一个都不允许渗入周围的乡村之中。

……

将地方贸易日益严格地区别于出口贸易，乃是城市生活面对流动资本威胁所产生的反应，后者有可能打乱城镇制度。典型的中世纪城镇并非试图通过弥合可控的地方市场与变幻莫测、无法驾驭的远程贸易之间的鸿沟来摆脱这种危机，而是相反，通过推行最严格的排斥和保护政策来应对危机：这是它生存的理由。

就实践而言，这意味着城镇会尽可能树立障碍来阻遏资本主义批发商渴望的那种全国性市场或国内市场的形成。通过努力维持非竞争性的地方市场和存在于特定城镇之间的、同样非竞争性的远程贸易，市民们竭尽全力阻止乡村融入贸易范围以及城乡之间的贸易开放。正是这种发展情势迫使各地政府不得不出面，促成市场"国家化"以及充当国内贸易的创造者。

……

将贸易从特许城镇的范围限定中解放出来的国家干预，现在要应对两个密切相关的危险,而这两个危险是先前的城镇早已成功应对了的——垄断与竞争。早在那个时代,人们就已经很好地理解了这条真理:竞争最终必然导致垄断;而那时人们对垄断的恐惧更甚如今,因为它往往关系到生活必需品,并由此很容易膨胀为对共同体的致命威胁。对经济生活的全方位管制——只是这一次是在全国,而不只是城镇水平上——就成为唯一可行的疗救方案。在现代人看来,这也许是排斥竞争的短视行为,然而实际上,它是在给定条件下维护市场运转的必要手段。因为在市场中,任何买方或卖方的临时性侵扰都会破坏既有平衡,使常规的购买者和售卖者受挫,导致的结果就是市场停止运转。先前的供给方因为不能肯定其货物是否能够获得一个好的价格,所以他们就会停止提供货物,而一个没有充足供给的市场将会变成垄断者的牺牲品。在相对较弱一点的程度上,同样的危险会出现在需求一方,因为需求的快速回落也会导致需求的垄断。随着国家对特殊限制、通行税费和流通禁令的废除,既有的有组织的生产和分配体系也受到了威胁,这种威胁来自不受节制的竞争和闯入者的入侵,他们闯进市场只为了"捞一票",却不提供任何持久的承诺。由此我们看到,尽管新产生的全国性市场不可避免地在某种程度上是竞争性的,然而起主导作用的仍是"管制"这样一种传统特征,而不是"竞争"这样一种新元素。为生存而辛劳的农民自给自足的家计依旧是经济体系的广泛基础,尽管这种经济体系经由国内市场的形成而被整合进庞大的国家单元之中。这时的国内市场与地方市场和国外市场鼎足而立,并且部分重合。农业现在通过国内商业——一组相对独立的市场体系——而得到增补,这一体系完全能够与乡村中占主导的家计经济原则相兼容。

　　……

　　在长达一个世纪的盲目"进步"之后,人类正在恢复自己的"家园"。若要使工业主义不致毁灭人类种族的话,就必须让它臣服于人类本性。对市场社会的真正批判并不是因为它是建立在经济——在某种意义上,每一个或任何一个社会都必须立足于经济基础——之上的,而是因为它的经济是以自利为基础的。这样一种对经济生活的组织完全是反自然的,在最严格的经验意义上是例外的。19 世纪思想家假定人在其经济活动中会追求获利,他的物质主义倾向会诱使人们更少而不是更多的努力,并预期会从他自己的劳动中获得报酬。简言之,在经济活动中他们倾向于遵循被他们称之为经济理性的东西,并且所有的相反行为都是缘于外在干预。于是,一个由市场组成并完全处在市场价格控制之下的经济体系就显得再正常不过了,并且由此看来,以这样一些市场为基础的人类社会是所有进步的共同目标。不管从道德上看这样一个社会是否值得向往,它的可行性——这是自明的——总是奠基于人类永不磨灭的本性之上。

复杂世界中经济制度的多样化

实际上,如我们所知,人类的行为不管是在其原初状态还是在整个历史的过程中,几乎都与这种观点所认为的正好相反。弗兰克·奈特(Frank H. Knight)的"没有任何特殊的人类动机是经济动机"这一命题不仅适用于一般而言的社会生活,而且也适用于经济生活本身。交换的倾向——亚当·斯密在他描绘原初民的形象时如此自信地倚靠的——在人类的经济活动中并不是通常的倾向,反而是最不平常的倾向。不但现代人类学的证据证明了这些理性主义的建构不过是一堆谎言,而且贸易和市场的历史也同 19 世纪社会学家的悦耳说教所假设的完全不同。经济史表明,全国性市场的出现在任何意义上都不是经济领域从政府控制中渐进、自发地解放出来的结果。相反,市场是政府出于非经济的目的、有意识地甚至有时是粗暴地干涉的结果。并且切近的观察会发现,19 世纪自发调节的市场即使与其最邻近的前身相比,也是本质不同的,差异就在于它将自身的调节倚赖于经济上的自利。19 世纪社会的先天缺陷不在于它是工业性的,而在于它是一个市场社会。当自发调节市场的乌托邦试验仅仅成为记忆的时候,工业文明却仍将继续存在下去。

然而对许多人来说,把工业文明转移到一个新的、非市场的基础上,这太过于艰难,以至于无法设想。他们害怕出现制度真空或者——更糟的是——自由的丧失。这些危险一定会变成现实吗?

与转型时代无法分离的巨大苦难已经过去了。我们经历了这个时代社会和经济的混乱,萧条的灾难性起伏、通货波动、大规模的失业、社会地位的变更、历史性国家的轰然倒塌,我们已经把最坏的都经历过了。不知不觉中我们已经付出了变迁所需要的代价。人类还远未使自己适应于机器的使用,有待完成的改变仍然还很艰巨,返回到过去是不可能的,那就像要把我们的麻烦转移到另一个星球上一样。仅仅致力于消除侵略和征服这些邪恶力量也是没有用的,这种徒劳的努力实际上是在保证这些力量的继续存在,即使是在军事上已将其彻底挫败。由于邪恶总是各种可能性的象征,因而总在政治上更具优势,而良好愿望实现的可能性却恰好相反。

传统体系的崩溃并没有把我们留在真空之中。权宜之中也可能包含了伟大而永久的制度的萌芽,这在历史上已经不止一次地出现过。

在各国国内,我们已经在见证一种发展:经济制度不再为整个社会制定法则,社会相对于经济体系的首要性得到了保证。这种发展可以以多种多样的方式发生,民主的或贵族统治的,立宪主义的或集权主义的,甚至还可以是我们还完全无法预见的方式。某些国家的未来可能早已成为另一些国家的现实,而另一些国家则可能仍旧体现了某些国家的过去。但结果对他们而言是共同的:市场体系将不再是自发调节的了,即使是在原则上也不再如此,因为它已不再包含劳动力、土地和货币。

……

于是,将生产的要素——土地、劳动力和货币——移出市场之外,只有从市场的观点来看才是一项一致的行动,因为市场将它们都视为商品。然而从人类现实的观点来看,这是通过在整个社会范围的各个方向上废除商品化虚构假象而实现的社会恢复。实际上,一个统一的市场经济的解体已经导致了各种新社会的形成。同样,市场社会的终结,在任何意义上都不意味着市场本身的消失。这些市场继续以各种方式存在,以保证消费者的自由、指示需求的变动、影响生产者的收入,并作为会计核算的工具;但完全不再是一个经济自发调节的机制了。

19 世纪欧洲的国内秩序与国际秩序都受到了经济学的阻碍。与黄金挂钩的国际汇兑领域与文明的领域是完全同一的。只要金本位制和——基本上是它的必然推导——立宪政府仍在运转,势力均衡就是和平的推进装置。这个体系借助于那些大国而得以运转——这些大国首先是大不列颠,它是世界金融的中心——并努力在后进国家中推动代议制政府的建立。这种代议制政府是必要的,正如需要对债务国的金融和通货进行监控,因而也有必要对财政预算进行控制——只有责任政府(responsible bodies)才能做到这一点。尽管一般而言,这样一些考虑在政治家们的头脑中并没有被明确意识到,因为金本位制运行所需要的条件总被视为是不证自明的。世界范围内整齐划一的货币和代议制度就是这个时代刻板的经济的产物。

19 世纪国际生活中的两大原则都与这种情况有关:无政府状态的主权国家,以及对别国事务的“正当”干预。尽管表面上相互矛盾,但这两者确实是相互关联的。当然,主权,只是一个纯粹的政治术语,因为在不被控制的对外贸易和金本位制度下,政府在国际经济方面并没有任何权力。它们既不能也不愿意让它们的国家与金融事务纠缠在一起——这就是它们在法律上的态度。实际上,只有那些拥有一个由中央银行所控制的货币体系的国家才被认为是主权国家。对强有力的西方国家而言,这种无限制且不受制约的国家货币主权是与它的彻底对立面结合在一起的,这就是将市场经济和市场社会的构造向别处扩张的无止境的压力。结果,在 19 世纪结束时,全世界的各个民族都从制度上被标准化到了闻所未闻的程度。

然而,这个制度却受到它自身复杂性和普及性的限制。正如国际联盟的历史所深刻揭示的那样,无政府状态的主权国是一切有效国际合作的障碍;而强求一致的国内体系则是对国家自由发展的持久性威胁,尤其是对于后进国家,甚至是一些较发达的、但在金融上较软弱的国家。经济合作被局限于私人机构,这种合作就像自由贸易一样反复无常和没有效率,而各国之间的实际合作,即政府间的合作,则根本就无法想象。

这种情况足以在外交政策方面产生两项明显不相容的要求:一方面,要求友好国家之间的合作达到19世纪主权国家所难以想象的紧密程度;然而在另一方面,因为市场被控制,各国政府对外来干涉较之以往更加猜疑。但是,随着金本位制自发调节机制的消失,各国政府都会发现他们已经可以放弃使用绝对主权国所能采取的最具妨碍性的措施,即在国际经济领域拒绝合作。与此同时,人们也有可能愿意容忍其他国家根据自己的条件来构造本国的制度了,这样就超越了19世纪的有害教条——在世界经济的要求下各国政体必须整齐划一。在旧世界的废墟之中,新世界的基石正在浮现:政府之间的经济合作以及按照自身意愿组织国民生活的自由。在自由贸易的阻碍性体系下,这两种可能性都无法被想象,并且因此国家之间许多合作的可能性都被排除了。如果说在市场经济和金本位制下,联盟(federation)的想法是不折不扣的集权和划一的噩梦,那么市场经济的终结则意味着各国之间都能够进行保持内政自由前提下的有效合作。

选自[英]卡尔·波兰尼:《大转型:我们时代的政治与经济起源》,冯钢、刘阳译,浙江人民出版社,2007年,第49~58页、第211~215页。

4.西奥多·舒尔茨[*]:

制度与人的经济价值

为经济提供服务的制度

我将一种制度定义为一种行为规则,这些规则涉及社会、政治及经济行为。例如,它们包括管束结婚与离婚的规则,支配政治权力的配置与使用的宪法中所内含的规则,以及确立由市场资本主义或政府来分配资源与收入的规则。由于我仅考虑这些制度中执行经济功能的部分,因此,我将把那些执行社会功能的制度搁置一边。我的目标是要考虑特定的政治法律制度对经济增长动态的影响方式,以及后者对前者的影响。正是制度概念将我引入政治经济学领域。

......

我们很难相信这类制度能在造物主的庇护下而使它们免于分析。分析的任务是要说明它们的功能,衡量它们的影响,并决定它们在什么时候是有效的。为了使这一工作有所进展,就需要有一个可供检验的理论方法,我们

---

[*]　西奥多·舒尔茨(Theodore W. Schultz,1902—1998),美国著名经济学家、芝加哥经济学派成员、芝加哥大学教授及经济系系主任(1946—1961)。在经济发展方面做出了开创性研究,深入研究了发展中国家在发展经济中应特别考虑的问题,从而获得 1979 年诺贝尔经济学奖。主要著作有:《人力资本的投资》(1960)、《改造传统农业》(1964)等。

期望这些假设可以导出在实证上较为可靠的关于这些制度的经济行为的观点。

研究经济增长动态的方法

这一种方法是通过抽象将制度省略或剔除掉。这是一种现代经济学的方法。现有的大量增长模型就是将制度视为"自然状态"的一部分,因而制度被剔除掉了。在他们看来,这些制度不会发生变迁,它们或者是外生的,或者是一个适应于增长动态的变量。有一些短期的增长问题还可以按此方式来处理,但是大多数的增长问题却不能以此方式来解决。现代经济学的所有分析工具还没有展开对制度变迁与增长动态之间关系的分析。

第二种方法是视制度的变迁为给定的。这种方法认为制度变迁可能是重要的,但其关键的基本假定是这些制度变迁是与经济增长无关的。依此,制度被视为外生的变量。它们会由于一些政治行动包括法律的决定而改变,它们是不依赖于经济增长进程的。某些制度变迁无疑是属于这一类型,在考虑经济影响时,它未尝不是一个合适的方法。但是,大多数执行经济职能的制度却是对经济增长动态的需求的反应,这些反应的特征以及强度却不在这一分析框架的范围内。

如果我没有对少数仍然沉醉于"制度经济学"的经济学家给予一定的信赖,这将是我的一个疏忽。他们所主要关心的是自然资源的产权配置,以及已广为人知的他们对土地改革的分析与相应的观点,他们的工作的实质是着眼于一种特定的制度变迁。因而它不是一种将制度作为一个经济增长模型的内生变量的方法,它主要关心的是一项特定的改革对个人收入和福利的影响。它并没有以经济理论为指导,不过这其中有部分原因是由于理论还没有整合收入的功能分配与个人收入的分配。同样,产生人力资本的制度(如教育与在职培训),作为技术变迁来源的制度(如研究与开发),自由放任的竞争制度也常常被以这种方式来对待。

第三种方法是由我们要提出的,在此,我视这些制度为经济领域里的一个变量,而且这些变量是对经济增长的反应。尽管并非所有的制度变迁都可以这样来分析,但大量的十分重要的制度都可以用这种方式来分析。

我们没有将这些被认为处于"自然状态"的制度忽略掉或剔除掉,我们也不会在一个特定的基础上来将它们引入。我们的分析任务就是要将它们引入经济学的理论核心中去。要着手这项工作,需要有两个关键的概念,即一种制度所执行的功能的经济价值以及经济均衡的概念。第一,怎样才能了解它们的经济价值以及决定其价值的因素呢?我们先假设:这些制度是某些服务的供给者,它们可以提供便利,便利是货币的特性之一。它们可以提供一种使交易费用降低的合约,如租赁、抵押贷款和期货;它们可以提供信息,正如市场与经济计划所从事的那样;它们可以共担风险,这是保险、公司、合作社及公共社会安全安排的特性之一;它们还可以提供公共品(服务),如学校、高速公路、卫生设施及试验站。对每一种这类服务都有需求,这正好可以在经济理论的范围内,用供求分析来探讨决定每一种服务的经济价值的因素。

我们的下一步分析是要将这一供求分析方法置于均衡框架中。其中的一个关键假定是:当这些制度所提供的服务与其他服务所显示的报酬率相等时,关于这些制度的每一经济服务的经济就达到均衡。

现在让我们来考察经济增长过程中的几个关键变量。假定当每一物品在一段时期内都以完全相同的比例增加时,一个经济就能产生追加的收入流。如果这一假定成立,无疑就不会产生非均衡。因而一个经济也不会遇到回到一个均衡时的问题。但在解释我所观察到的现实经济增长时,这些建立在此种假定基础上的增长模型在我看来仅仅是一些游戏,而不是分析工具。

现代经济增长进程被所有的作为经济增长的结果的非均衡方式所困扰,执行经济职能的制度也不例外。其中有些非均衡非但持久不变,甚至变成慢性病疾。正如任何一个了解美国农业所面临的经济问题的人所知晓的那样,很显然我们已被卷入一个长期存在的非均衡问题中了。尽管美国的大量农业人口已从农业中转移出去,但这些长期存在的非均衡仍然给现有的农业生产者造成了极大的负担。而且这一问题仍然继续存在。毕晓普在他的颇具洞察力的富有挑战性的总统演说中,十分明确地辨识了在调整共同体制度中的滞后。关于它及其他非均衡,要提出的问题是:趋向均衡的趋势有多强? 它是否会被强化? 调整过程中的滞后是否能促进所获取的收益超过成本?

下面让我们总结一下,我们的理论是用于解释那些作为对经济增长动态的反应而发生的制度变迁,制度被视为一种具有经济价值的服务的供给者。我们假定增长进程改变了对服务的需求,并且这种需求上的改变又导致了以长期成本与收益来衡量的供求之间的非均衡。尽管一种制度所提供的服务会不依赖于经济增长的考虑而改变,但我们的理论无法解释这种制度的变迁。不过,它可以用于决定这一变迁所产生的效应。

我将偏离这一点来简要地考虑几个可供检验的假定,它们是有关那些具有传统农业特征的长期处于均衡的国家的制度与农业生产的。假定政策的目标是要获得一个稳定的农业增长率,这一增长率不仅在经济意义上是有效的,而且还要高于在传统农业情形下的人口(农业劳动力)增长率。从反面的意义上我们可以提出下列观点:①货币的供给以一个高于先前的速度有计划地增长,并不足以带来所期望的农业生产增长;②一项制度改革不能增加农业为实现自己的目标所需要的信贷供给;③一种租佃法律的变迁,它并不能减低佃农的租金份额,从而带来所期望的农业生产的稳定增长。

现在让我们再在规范的和更加可以检验的意义上来对它们进行系统阐述,并提出一些更为相关的问题。当农业获得了一个增长契机时,如近来亚洲许多国家所发生的那样(其中中国由于缺乏资料除外,日本则由于先前的农业成功的现代化除外),一个增长契机是有利的农产品价格,可以得到相应于肥料的新的食物种子,更廉价的和更大量的肥料供给的结果。这一增长动态诱致亚洲地区的农民对制度调整的需求。如果有必要的话,他们还会组织合作社以实现这一目的。他们还会要求有更为灵活的租佃合约,他们将联合邻里开掘管井,并承担能增加水的供给的小型投资。佃农与地主也会利用其政治影响以促使政府提供更多更好的大型灌溉与抗旱设施。这些都是一些可以检验的看法,有大量的证据可以支持这些看法。由于离题太远,现在让我们回到分析的主题。

下面考虑一下作为对制度的反应的经济激励问题。激励是经济增长的结果,对此我们有几个更为一般性的看法:①在一个实现增长的市场经济中,对货币的便利需求已转向对权利的需求(这一看法为充分的经验研究所证实)。②在一个每户收入都在提高的经济中,对于服务于非农部门的经济活动的合约与财产安排的需求会相对于与农场部门相联的合约与财产权利的需求而增加(这是一个很重要的看法)。③随着经济增长日益依赖于有益的知识的进步,对那些能够生产与分配那些知识的制度的需求会转向对其权利的需求。我们在这里发现,有关欠发达国家的现代发展一般比技术上先进的国家更为不均衡。④当经济发展达到需要越来越多的高技术阶段,会对需要通过培训而获得的高技术的需求包括高等教育,会相对于对低技术的和再生的非人力资本形式的需求增加(众多的迹象表明,美国在第二次世界大战后已进入这一阶段)。⑤本文的后面部分将集中讨论如下的看法:在一个由增长提高了人的经济价值的经济中,对大量不同制度的服务的需求会被这种增长型式所改变。随着人类生活档次的提高,每一工人对使其免于事故的额外保障性需求转向对权利的需求,对健康与人身保险的需求也是如此。对个人权利所附加的法律保障的需求(如免受警察的侵犯,损失个人的隐私)也转向对权利的需求,正如人们对公民权利的需求一样。人作为生产的一个要素,他在获取工作方面需要更大的平等,尤其是对那些高技术的工作。与此密切相关的是,人们在通过在职培训和高等教育以获取高技术的工作方面要求有更小的歧视。作为消费者,人们要求在获取消费品与服务,尤其是住房和家庭计划信息方面拥有更大的平等。因而,随着人的时间价值的提高,消费品的分配将日益转向物品集约性的消费,而不是时间集约性的消费。

为适应人的经济价值提高的制度滞后

我的论题是,在美国已经出现的和正在出现的人的经济价值的长期显著提高是制度在执行其经济功能时的主要非均衡原因。在此我要明确说明的是,人的经济价值的所有这些提高,并不仅仅是我的论点,而是我们的经济所显现的经济增长类型的结果。其中有一部分或确切地说是一小部分,是削减作为美国劳动力的国外移民的结果。公民权利的扩展,为穷人提供法律服务的附加的公众条款,减少贫困的计划,以及高级法院有关就学与发展的决定都增加了个人的选择。尽管可以认为这些发展,包括城市化作为一种中间影响,不依赖于使人的经济价值提高增强了的经济增长,但是如果正如我所提及的,这些发展首先是美国已经出现或正在出现的经济增长的结果,则这些都只是一种表面认识。由于经济增长的进程,这些法律条文与法律决定在很大程度上是可能的和必要的。简而言之,这些立法和法律是为适应由人的经济价值提高所致的制度的压力与限制而做出的滞后调整。

我难以想象,任何经济的长期变动对制度改变所产生的影响会比工资相对于租金的变动(即财产服务的价格)的影响更为深远。我相信经济史学家会从工资相对于租金的长期变动中发现更多的脉络。制度变迁的对称性所显示的必然结果会更激起这类变动,而不考虑政府的类型。这是 S. V. 巴思的重大贡献之一。我们现在正处于有利于人的经济价值提高的长期变动之中。

很显然,相应于人的经济价值提高的制度变迁呼唤新的经济模型。在此我将考察属于这一领域的三个方面:①制度是对劳动力的市场价格提高的反应;②制度是对人力资本投资的报酬率提高的反应;③制度是对消费者可支配收入增加的反应。

第一,假定经济增长提高了工人单位时间的生产率(因而每小时工资)相对于对财产投资的收益率的价值,同时,具有较高技能的工人的生产率的价值增值在其绝对意义上也要高于低技能工人。那末,制度的内涵是什么?

从替代的可能性来看这意味着什么？在为利润经营的企业所作出的配置性决策水平上，我们的竞争性市场经济还没有承受严重的制度刚性。合约，包括农业中佃农所参与的出租，就是这里所指出的一种情形。这里当然有一个滞后，但是这些合约在为适应人们获取更多的收入机会而改变时、并没有一个很长时间的滞后。不过在一个国家的逻辑下有一点是确实的，即技能较低的工人所获取的工作信息要比较高技能的工人要少。而且在高技能工作中，存在对非白种工人的劳动市场的歧视。

有关由经济增长动态所引起的工资上的制度滞后主要表现在国内迁移、职业转变以及对非白种人的歧视方面。这些滞后表现为与这类训练的收益成本相等的不足的在职培训，以及在部分由歧视性配额的工作领域的生活适应。在一份"人民落在后面"的报告中，我们已有了一个分析和建议减低这一普遍领域的制度滞后的公共行动路线的里程碑。

第二，在探讨对人进行投资的问题时，其中一个关键的假定是，经济增长是一种比常规需要更高技能的生产活动，而且由这些活动所派生的需求增加了对人进行投资的报酬率。在此我们还要再问一句：制度的内涵是什么？回过头来看，很显然的一个事实是，后面会显示出我们的教育体制在扩大教育服务的供给，从而足以适应上等收入家庭的私人需求方面具有极大的灵活性。然而，它在为许多农民家庭的孩子、一般的贫穷白人及大多数黑人所供给的附加教育方面，却在质量与数量上都存在严重的滞后。

从对贫困阶层进行投资的社会收益率来看，越来越多的证据表明了一个持续的非均衡的推论，尤其是在基础和初级教育方面。高等教育是一种可以产生复杂的和困难的组织问题的制度。朝向一种有效的资源配置的趋势是很微弱的，经济激励和信息处于一个很差的有待补充的状况。学生的自利没有得到充分的调动，社会收益（损失）的计算是随意的，学院性的企业家还被装在一个为资源的有效配置提供很少的机会的盒子中。由于我在其他地方已考察了有关资源用于高等教育的问题，在此我就不详述了。

第三，在考察制度滞后对消费者主权的损害时，其中心的问题是配额制作为歧视的结果的可能性,这里也让我们假定消费者的可支配收入作为经济增长的结果会提高。尽管一般来讲市场力量确实具有适应消费者需求的变化的强有力趋势,但是对属于对有色人种的市场歧视的特殊消费品与服务的情形却不是如此,这方面对许多收入提高了的黑人家庭能够提出的疑问很少,它们至少在最近在卫生服务的获得、家庭计划的信息与技术,以及在住房的租用与购买方面就属于这一类的市场歧视。

最后,我必须指出的是,当人的经济价值提高时,我们处于一些新的和更好的机会领域。这确实是世界上很少有人能够享有的所有情形中的一种最优的集合。但尽管如此,这一有利的经济增长类型并不是在没有制度压力与张力下能够获得的。既然我们可以阐明和识别这些制度滞后,我们也可以分析由降低这些滞后在效率与福利意义上的收益。同时,要获取它们也不是一件简单的事情,因为我们有很充分的理由相信人的经济价值会继续提高。

选自[美]T.W.舒尔茨:《制度与人的经济价值的不断提高》,载[美]科斯等:《财产权利与制度变迁——产权学派与新制度学派译文集》,刘守英等译,上海三联书店,1994年,第253~263页。

5. 林毅夫:

新结构经济理论与发展战略选择

可选择的发展战略

18 世纪工业革命以来,世界各国被分为两类,一类由富裕的、工业化的发达国家(DC)组成,另一类则包括贫穷的、以农业为主的欠发达国家(LDC)。第一类国家广泛使用现代的资本密集型生产技术,而第二类国家却主要使用过时的生产技术。发达国家的富裕根源于它们的产业和技术优势。19 世纪以来,如何实现国家的工业化并赶超发达国家成为摆在欠发达国家政治领导人和知识分子面前的紧迫课题(Gerschenkron,1962;Lal,1985)。第二次世界大战以后,许多欠发达国家的政府采取多种政策措施,力图实现国民经济的工业化。然而,到目前为止,只有东亚少数几个经济体确实缩小了与发达国家的发展差距,并且趋向收敛于发达国家的人均收入水平。

我认为大多数欠发达国家没有能够成功缩小与发达国家的发展差距,主要根源于它们的政府采取了不适当的发展战略。第二次世界大战以后,大多数欠发达国家的政府都执行了优先发展资本密集型产业的发展战略。然而,一个经济的最优产业结构是由其要素禀赋结构所内生决定的。政府所要优先发展的资本密集型产业通常是不符合该经济的比较优势的,在一个开放竞争的市场中,这些产业中的企业是没有自生能力的。于是,为了支持不具备自生能力的企业,政府就在国际贸易、金融部门和劳动市场等方面采取一系列扭曲措施。通过扭曲措施,虽然可能在发展中经济建立资本密集型产业,但是却会造成资源配置不当、寻租活动猖獗、宏观经济不稳定等,使经济的效率低下。结果,收敛的目标未能实现。欠发达国家政府应该以促进要素禀赋的结构升级为目标,而不是以结构/技术的升级为目标。因为一旦要素禀赋结构升级,利润动机和竞争压力就会驱使企业自发地进行技术和产业结构升级。要素禀赋结构升级意味着资本(无论是物质资本还是人力资本)积累比劳动和自然资源的增长更快。资本积累取决于经济剩余(或者说是利润),以及国民经济的储蓄倾向。如果欠发达国家遵循比较优势发展产业,那么就会有最大可能的经济剩余和最高的储蓄倾向,从而最大可能地进行要素禀赋结构升级。遵循这一发展战略,欠发达国家能够取得比发达国家更快速的要素禀赋、技术和产业结构的升级,并实现收敛。企业的产业和技术选择取决于资本、劳动和自然资源的相对价格,因此,只有当国民经济的价格结构能够反映资本、劳动和自然资源相对丰裕度的时候,企业才能够根据比较优势选择自己的产业和技术。而只有当价格是由竞争性市场决定的时候,价格结构才能反映每一个要素的相对丰裕度。因此,政府在经济发展中的基本职能是维持市场的良好运转。

......

在任何经济中政府本身是最重要的制度。它的经济政策决定了国民经济中企业面对的宏观激励结构。为了解释欠发达国家在收敛方面的成功或失败,我将分析政府的产业发展政策,并将它们概括为不同的发展战略。我将发展战略大概分为两个不同的大类:①违背比较优势的发展战略,该战略试图鼓励企业在选择其产业和技术时,忽视现有的比较优势;②遵循比较优势的发展战略,该战略尝试促使企业按照经济中的现存比较优势选择产业和技术。世界上没有哪一个国家一贯而不修改地遵循上述任一发展战略。然而,有些国家偏向于某个发展战略而成为该战略的典型。当然,遵循某种战略的国家后来也可能放弃该战略。战略转换为我们深入分析战略影响提供了好机会。

……

遵循比较优势和违背比较优势战略的比较

试图赶超发达国家对于欠发达国家来说是无可非议的。违背比较优势的战略对欠发达国家的政治领导人和普通民众,包括知识精英,是很有吸引力的。因为大多数人直接观察到的是发达国家和他们自己的国家在产业和技术结构上的差距,以及产业和技术结构与人均收入之间的关系。然而,遵循比较优势的战略将使一个欠发达国家赶上发达国家,而违背比较优势的战略事实上会扼杀一个欠发达国家赶上发达国家的机会。许多其他理论也都试图解释欠发达国家在取得持续经济发展方面的成功或失败,遵循比较优势或违背比较优势战略的理论框架提供了一个统一的解释。

(1)资本积累

一个经济的产业和技术结构由其要素禀赋结构内生决定,所以,如果一个欠发达国家要想达到发达国家的产业和技术结构,就必须首先缩小它与发达国家在要素禀赋结构上的差距。要素禀赋结构的升级意味着资本相对于劳动的增长。资本积累取决于企业获得的剩余或利润的规模,以及经济中个体的储蓄率。当一个企业进入具有比较优势的产业,并且在生产中选择了成本最低的技术时,作为遵循比较优势战略的结果,这个企业将是有竞争力的,占有最大的市场份额,拥有最大的剩余或利润。同时,当资本在具有比较优势的产业中被使用时,有最大可能的回报率,因此,经济个体的储蓄激励也最高。而且,政府不会扭曲要素和产品价格,也不会动用行政力量创造合法的垄断,因而也就不存在浪费性的寻租活动。企业将拥有硬预算约束,需要通过提高管理和竞争力赚取利润。在有关要优先发展的产业中的企业的竞争力、资本回报率、寻租活动、预算约束软化等方面,违背比较优势的战略将导致与遵循比较优势的战略恰恰相反的结果。所以,遵循比较优势战略下的要素禀赋结构升级将快于违背比较优势战略。

(2)技术转移

要素禀赋结构升级为产业和技术结构升级提供了基础(Basu and Weil,1998)。对于欠发达国家的企业来说,要升级的产业和技术是新的,需要从发达国家转移过来。学习成本在遵循比较优势的战略下要比违背比较优势的战略小,因为新老产业和技术之间的差距在前一战略下要比在后一战略下小(Barro and Sala – i – Martin,1992)。而且,在遵循比较优势的战略下,对许多目标技术的专利保护可能已经过期,即使仍然处于专利保护之下,购买专利的费用也将低于违背比较优势的战略,因为在相同条件下,遵循比较优势战略的目标技术比违背比较优势战略的目标技术要旧一些。有时,在违背比较优势的战略下,企业可能无法从发达国家获取所需要的技术,需要"再发明轮子"(reinvent the wheel),自己投资于成本高、风险大的技术研究和开发。所以,技术的获取成本在遵循比较优势的战略下比在违背比较优势的战略下低。

(3)国际贸易的开放程度

许多经验研究表明,更为开放的国家的收敛趋势要比更为封闭的国家大(Harberger,1984;Dollar,1992;Warn,1994;Ben – David,1993;Sachs and Warner,1995;Harrison,1996;Michaely,1977;Frankel and Romer,1999)。国际贸易被认为是有利于国际技术扩散的。Lee(1995)发现,进口更多资本品的国家倾向于增长更快,这意味着新技术可能包含于资本品中。然而,Rodriguez and Rodrik(2000)却认为,"这个文献中的经验分析所牵涉到的方法论问题使人们可以对这些结果给出不同的解释",贸易政策的作用并不清楚。如果设备的进口促进了技术转移,那么政府是应该采取措施促进设备进口,还是最好是追求贸易自由化,实行低关税和非关税的贸易壁垒?

在我们的框架里,选择遵循比较优势的发展战略的国家将进口不具备比较优势的产品,同时出口具有比较优势的产品。对这样的国家来说,开放程度是由国家的要素禀赋结构所内生决定的,而不是外生决定于进出口政策。如果欠发达国家的政府选择了违背比较优势的发展战略,试图以国内生产替代资本密集型制造品的进口,那么它的进出口贸易都将受到削弱。出口贸易受到削弱是因为资源会被从具有比较优势的产业转移出去,而且,为了促进不具有比较优势的产业的发展,本币价值会被高估,从而阻碍了出口。社会主义经济、印度和许多拉丁美洲国家都属于这种情况。与选择了遵循比较优势的战略的国家相比,这些国家的增长绩效很不理想。欠发达国家的政府可能选择违背比较优势的战略,同时也鼓励优先发展的资本密集型产业扩大出口。在这种情况下,即使企业的产品拥有很高的出口比率并且技术进步的速度很快,出口也将是没有利润的。企业的生存需要依靠国内市场的保护、银行的优惠贷款和其他的政策支持。这个国家的外汇储备会很少,并积累很多外债,使这个国家容易受到外部冲击的影响。对于欠发达经济来说,选择违背比较优势的战略同时鼓励出口,可能要比选择违背比较优势的战略同时鼓励进口替代要好。然而,选择鼓励出口战略的经济整体绩效将比选择遵循比较优势战略的经济差。因此,并不是更为出口导向的政策就是促进欠发达国家 GDP 增长的更好政策。

(4)金融深化

自从 Shaw(1969)和 Mckinnon(1973)的先驱性著作问世以来,许多研究人员都认为,金融深化和经济增长之间存在因果关系。经常用来度量金融深化的指标要么是货币供给(M2)与 GDP 的比值,要么是金融中介机构向私人部门提供的信贷额与 GDP 的比值。这种关系受到 Levine(1997)、Rajan and Zingales(1998)的经验研究的支持。

然而,欠发达国家金融深化的程度在很大程度上内生决定于政府的发展战略。在违背比较优势的战略下,政府发展战略的载体是大型企业。为了满足并不具有自生能力的大型企业的金融需要,政府常常对企业实行国有化,越过金融中介,使用直接的财政拨款向这些企业提供支持,前社会主义计划经济以及之后的印度和很多其他欠发达国家就是这样做的。即使政府依靠私人企业充当违背比较优势战略载体,大型企业的金融需要也是很大的,并且只能通过严格管制的垄断性银行体系才能满足这种需要。无论是哪一种情况,金融体系的发育都不健全。然而欠发达国家最有竞争能力和活力的企业是劳动密集型的中小企业,它们在获取金融服务时经常受到大银行的歧视甚至根本得不到服务,因而金融体系是非常没有效率的。而且优先发展部门中的企业虽然在获取银行贷款方面享有优先权,但是却没有自生能力,可能也无力偿还贷款。银行常常因为向优先发展部门中的大型企业贷款而积累了大量坏账,促使甚至导致了金融危机的爆发。欠发达国家金融深化的一个前提条件是政府发展战略从违背比较优势的战略转向遵循比较优势的战略。

(5)宏观经济稳定

大量的经验研究表明,宏观经济不稳定会阻碍长期增长(Barro and Sala-i-Martin,1997)。如果欠发达国家的政府选择了违背比较优势的战略,要优先发展的产业中的企业就是没有自生能力的,需要依靠优惠贷款、贸易壁垒保护和其他的政策支持才能生存。因为现有的比较优势没有被利用,所以经济作为整体也是没有竞争力的,比较优势的动态变化不能实现,经济绩效因此很差,金融部门脆弱,对外收支不佳。当财政赤字、债务负担和金融脆弱性积累到一定程度的时候,宏观经济稳定就会难以为继。遵循比较优势战略的国家拥有更好的外汇收支、更为健康的金融和财政体系能够更有力地抵御外部冲击,所以宏观经济稳定性也更好。

(6)收入分配

收入分配与经济发展之间的关系是发展经济学最为古老的研究课题之一。Kuznets(1955)提出了一个倒 U 形假说,认为不平等在经济发展初期倾向于扩大,晚期倾向于缩小。经验证据对于这个假说的支持是混淆的。Paukert(1973)、Cline(1975)、Chenery and Syrquin(1975)、Ahluwalia(1976)等人的研究支持了这一假说,而 Fields(1991)对 19 个国家 43 个年份数据资料的研究发现,穷国的不平等程度并没有呈现出上升的趋势,而富国也没有出现下降的趋势。但是 Fei、Ranis and Kuo(1979)对中国台湾的研究表明,台湾经济的增长与平等是相伴生的。我认为,欠发达国家选择遵循比较优势的战略将有助于缓解收入不平等程度,而选择违背比较优势的战略将会加剧收入不平等程度。欠发达国家的穷人最重要的资产是自己的劳动力。遵循比较优势的战略将通过更为劳动密集型产业的发展促进持续的经济增长,为穷人创造更多的就业机会,提高其工资,使穷人有机会分享增长的好处。相反,违背比较优势的战略会通过促进更为资本密集型产业的发展而减少穷人的工作机会,压低穷人的工资;同时,增长也不是可持续的。当经济崩溃的时候,穷人将遭受最大的困难,1998 年东亚金融危机时的情形即是如此(Stiglitz,1998)。

发展战略的选择

20 世纪发展经济学开始形成的时候,发展经济学家当中盛行的观点是建议欠发达国家的政府忽略自己的比较优势,选择内向型发展战略,例如重工业优先发展战略或进口替代战略。违背比较优势战略的提倡者常常混淆了比较优势动态变化的因果关系。他们敦促欠发达国家抛开要素禀赋中资本相对稀缺的约束,直接建立与发达国家相似的资本密集型产业。他们认为,如果欠发达国家绕过发展劳动密集型或资源密集型产业阶段,经济发展就可以加速。

我认为发展与一个经济的比较优势相一致的产业和技术结构是促进国际技术扩散,从而加速经济增长,并实现与发达国家经济发展水平收敛的关键。一个经济的比较优势的动态变化取决于其要素禀赋结构的动态变化,后者相应地取决于其资本积累的速度,而资本积累的速度反过来又取决于经济个体在选择其产业和技术时是否很好地利用了现存的比较优势。欠发达国家利用要素禀赋的比较优势作为选择产业和技术的基本指导原则,会最小化模仿成本,经历最快的要素禀赋结构变迁,并使产业和技术结构得以持续升级,亚洲"四小龙"的发展经验是遵循比较优势战略优点的良好例证。

与其他发展中经济类似,中国台湾、韩国、中国香港和新加坡在二战后十分贫穷。在50年代初,它们的工业化水平很低,资本和外汇极端匮乏,人均收入低下。与其他发展中经济类似,它们也面临选择合适路径以发展经济的问题。中国台湾、韩国和新加坡一开始选择的是进口替代型违背比较优势的战略,但是不久就放弃了在初始阶段发展重工业的尝试。取而代之的是,根据它们的要素禀赋,积极地发展劳动密集型产业,鼓励出口,扩大外向型经济,以充分利用它们的比较优势。

在发达国家,如欧洲、美国和日本,因为资本变得越来越充裕,工资率也在上升,劳动密集型产业逐渐被技术和资本较为密集的产业所取代。中国香港、中国台湾、韩国和新加坡有充裕的、廉价的劳动力,所以当发达国家的比较优势产业变得更为资本、技术密集时,"四小龙"能够充分利用这种动态变化的机会,通过贸易联系和经济开放,发达国家的劳动密集型产业转移到这些亚洲经济当中。由于充分利用了自己的比较优势,"四小龙"十分具有竞争力,能够取得快速的资本积累。伴随着资本积累和比较优势的变化,它们的产业逐渐升级为更加资本密集和技术密集的产业。因此,这四个国家和地区能够维持超过30年的快速增长,首先成为新兴工业化经济,进而达到或接近发达经济的水平。这一杰出成就引起了世界的瞩目。

50年代的大多数发展中经济选择了违背比较优势的战略,并且在相当长的时间里维持了这一战略。为什么中国香港从来没有尝试实行违背比较优势的战略,而中国台湾、韩国和新加坡也很快就从违背比较优势的战略转向遵循比较优势的战略?这些国家和地区仅仅是因为运气好,还是它们的政治领导人通过智慧选择了遵循比较优势的战略?Ranis and Syed(1992)认为成功应该归因于这些经济自然资源贫乏。此外,我认为人口规模小也是原因所在。违背比较优势的战略十分无效率,且成本很高。欠发达经济实行的这个战略能够维持多久,取决于政府能够动员多少资源来支持它。人均自然资源越多,或者人口规模越大,政府为了支持这一低效率战略所能够动员的资源也就越多。对于自然资源贫乏、人口规模小的经济来说,选择违背比较优势的战略很快就会引发经济危机。那时,政府将没有其他选择,只能被迫执行改革和战略转变(Edwards,1995)。事实上,受到50年代流行的经济思想的影响和民族复兴梦想的激励,中国台湾和韩国的许多政治领导人和知识精英从未放弃加速发展资本密集型重工业的渴望。然而,它们的人均自然资源极端贫乏,人口规模也太小。50年代初中国台湾一开始实施违背比较优势的战略,马上导致巨大的财政赤字和很高的通货膨胀,不久政府就被迫放弃了这一战略(Tsiang,1984)。在70年代韩国选择重机、重化工业推进战略时,类似的结果也出现了,推进战略被推迟。新加坡和中国香港人口规模都太小,自然资源极度贫乏,违背比较优势的战略难以实施。

选自林毅夫:《新结构经济学:反思经济发展与政策的理论框架》,苏剑译,北京大学出版社,2012年,第233～255页。

6. 柯武刚、史漫飞[*]：

经济发展:制度变革的作用

自上而下的发展战略

许多发展中国家在获得独立之后,都启动了中央设计型和命令控制型的发展战貌。这些战略中的绝大多数都充满了各种构建主义的憧憬(constructivist visions),并尝试了"社会设计学"(social mginneerring)。那些新领导人,以及他们的顾问,往往选择高度依赖政治指导和集体行动的现代化战略,以及受中央命令型发展计划协调的现代化战略,这类战略都要确立"民族目标"。往往,这些战略试图用外在制度来取代界定不很明确的内在制度和既有的文化传统。往往,传统的内在制度与引进的法律、规章和意识形态相冲突,它导致矛盾和既有经济秩序的衰落(Bates,1990)。往往,中央设计的计划进度不能按预期运行,因为缺少贯彻这类计划的行政机构,且新的外在制度得不到内在制度的支持。强制执行中央设计的计划进度代价高昂。而且,发展问题过分错综复杂,很难为处于中央的任何人全面理解。结果,实现现代化的私人动力被摧毁,建立私人企业方面的渊博精英遭到压制。

---

* 柯武刚(Wolfgang Kasper),德国经济学家,澳大利亚新南威尔士大学教授,主要研究制度经济学;史漫飞(Manfred E. Streit),德国经济学家,德国马克斯—普朗克经济体制研究所研究员,主要研究制度经济学。

许多发展中国家的政治精英们在行动上假充博学,将"他们的"国家当做一个简单的组织来对待。这对经济福祉和其他基本的人类欲望产生了破坏性的影响。这种集体主义方法的一个尽管极端、但却很典型的例子是阿尔及利亚。

……

"构建主义冲动"(constructivist impulse)的基础在于这样一种观念:精英们最清楚怎么才能提高经济发展水平。这种冲动往往与扩大社会化资产所有制的做法结合在一起。这既因为从殖民地时代继承下来的财产都被转入了政府所有制,也因为新的工厂和基础设施都是作为政府出资的企业而建立起来的。

经济发展必须伴有一套规则系统的发展。这种规则系统能促进现代劳动分工、能有效地传递正在出现的机会和稀缺信号。但这样一种必要性并未被外国顾问和国际官僚们充分认识到。经济发展顾问界,以世界银行那样的机构为代表,忽略了对制度方面的思考,这反映着盛行的新古典假设。充其量,经济学家们也只是从 20 世纪 60 年代起才开始主张开放国民经济和稳定宏观经济(例如,请参阅 Krueger,1994)。

在 20 世纪 50 年代和 60 年代,制定中央发展计划以推动工业化是典型的做法。在许多新独立的国家中,资本性资产被国有化,并人为地推动政府企业的成长。由于创建了政府对出口的垄断并导入了阻碍进口的规划,关于外界供求条件的信息常常遭到压制。进口特许权和关税的实施为享有特权的国内生产者、常常是"政治性厂商"创造了很高的利润。但是,进口替代战略的副效应是寻租政治家、商人化行政官员、官僚化监督者和有组织的劳动者都能够占有利润。进口替代战略通常是零敲碎打地实施,并要受制于政治压力。资本所有者可享有大量的人为特惠,而农民和工人的机会则大大缩减。在能够计算"有效保护率"时,这些保护率中的混乱显示出,各种各样的保护措施在各种产业中累积起了许多意想不到的后果(Krueger,1997):国际贸易中的比较优势和知识转移完全被忽略,保护成本被抬高,政治性特惠允许厂商回避创新和成本控制,构建主义倾向经常与大量而低效的公共开支和大型公共预算赤字齐头并进,结果是高水平的内债和外债,这又导致货币供应上的通货膨胀性扩张。

如上所述,从20世纪50年代至20世纪70年代,发展政策的目标排序和方法远不是统一的。拉丁美洲国家的发展起点较高,但其利益集团,如地主和军方也更加根深蒂固。这些集团往往把持着设租的中央政治控制权,没有采取任何措施来培育法治和保护真正竞争性秩序的普适制度。而这些在过去是曾经存在于这些国家中的。相反,政治被视为工具,可用来从再分配性的差别待遇中捞取好处(Borner et al.,1992)。通货膨胀一般都有利于富有的、充分联合起来的债权人而不利于穷人。在南亚和许多非洲国家里,发展也依靠五年计划和大量的政府干预。但是,在20世纪60年代和20世纪70年代里,东亚发展中国家在许多方面都越来越摆脱了发展上的这种主流模式。

市场驱动的发展战略和计划出来的发展战略

尽管从总体上看,上面对20世纪50年代、20世纪60年代和20世纪70年代不发达国家中发展政策的特征做出了恰当的概括,但在无一定之规的第三世界里还是可以观察到巨大的差异。有些国家较另一些国家更多地依赖构建主义的发展战略和生产手段国有制。同时,也有证据显示,与较具干预主义和构建主义性质的国家相比,较多依赖市场的国家获得了更快的经济增长、更少的通货膨胀和更平等的收入分配(World Bank,Word Development Reports,1979 and 1996;Gwartney and Lawson,1997)。在观察一对对制度组合不同、但可粗略对比的国家时,也得出了这样的结论。尽管有许多因素影响着实际增长率,并且在统计手段上存在着许多缺陷,但下列差异仍只有在联系制度上的系统差异时才能得到解释:

印度在1948年获得独立后实施了相当详细的贸易控制和中央计划。在20世纪60年代里,其干预型经济发展因工业方面的国家所有制试验而加强。与其相反,巴基斯坦遵循了较少干预主义的战略,并切实地开放了市场和价格。印度在60年代里的实际增长率为每年3%,略高于人口增长率,而巴基斯坦则实现了年均5%~6%的增长。在那一时期里,印度的通货膨胀率为年均5.5%,而巴基斯坦在较自由市场下的通货膨胀率仅为年均2%左右。

东非,肯尼亚采用了一套较具市场指向的制度,而邻近的坦桑尼亚采用了无所不在的经济干预主义,并伴有社会主义的发展和贸易控制。20世纪70年代里,肯尼亚的人均经济增长为年均2.4%,为坦桑尼亚年均1.1%的两倍多。

在西非,加纳贯彻了社会主义——干预主义观念,压制市场和私有企业,而邻近的象牙海岸则较多地依靠了市场和私有企业。在20世纪70年代里,加纳人为其生活水平年均下降2.6%而一筹莫展,但象牙海岸的国民则在人均收入上实现了每年1.5%的增长。

在亚洲,过去的英国殖民地斯里兰卡在20世纪60年代里转向了中央管制价格、投资控制和大量社会主义性的资本积累,而与其禀赋类似的马来亚半岛(后来的马来西亚)则奉行了一项开放贸易和投资并依赖市场的政策。马来西亚阻止了共产主义的兴起,但这完全要归功于法治,它提供了获得经济机会的渠道,其人均收入的增长率平均约为4.5%(1960—1975),并伴有最低的通货膨胀(Kasper,1974)。相反,斯里兰卡的经济干预变得越来越详尽,并允许越来越按种族实行差别待遇。结果,其人均收入实标上只增长2%左右(1960—1975)并且后来还下降了。种族间的紧张关系爆发为一场持久的血腥内战。并且,尽管有命令型价格控制,通货膨胀仍稳步加速。

这份国家比较的清单还能延伸而不影响其一般结论,即依赖保障私人产权、私人自主和开放的制度与较快的经济增长是并存的。也许有人会问,这些经济表现上的差异到底是由于造成更快经济增长的市场剖度,还是仅仅由于快速增长的国家能够提供经济自由。这里所论证的经济理论毫不怀疑,因果关系的方向主要是从制度组合到经济表现。

必须承认,上述比较首先依赖了间接证据,是在推断制度框架上的差异在市场导向中造成的增长后果。关于制度对发展中国家的增长的影响仍缺乏直接证据,即使有也很不系统。然而,像德·索托(1990)分析秘鲁非正式经济那样的研究,还是将人们的注意力引向了制度变革对发展所具有的极端重要性。同样,最近,已有一些跨国证据被提供了出来,它们显示,制度安排是如何促进或阻碍了经济发展(Borner et al.,1994;Brunetti et al.,1997)。

制度意识也渗透了出自国际组织的政策建议。自 20 世纪 80 年代以来,经济改革已强烈地受到了所谓"华盛顿共识"(Washington consensus)的影响,即货币稳定化、结构调整和贸易自由化(Edward,1995,第 58~70 页;World Bank,1993,various)。人们指出,控制预算和货币供给、金融发展、解除对国内贸易的管制、私有化和转向精干的政府这些方面,在制度改革的全过程中是始终需要的。然而,最常见的情况却是,人们仍设想,系统的制度变革在某种程度上只能源于贯彻具体的政策建议。而这些建议本身则立足于新古典式的微观经济学或宏观经济学。国际组织仅仅刚开始逐步地想到,必须首先解决制度变革方面的问题(例如,请参阅 Klitgaard,1995)。

制度变革对经济发展的重要性可以用东亚国家中的两个事实来证明。其一,为了越来越多地依靠个人创造性和对外开放,经济快速增长的东亚国家都重新塑造了各项制度;其二,1997—1998 年间的东亚制度危机在很大程度上是由于在这些成功的新兴工业国家中有许多国家的制度质量逐渐恶化,而这些国家的政治领导人们却不愿意进行必要的改革以精简他们的制度并使其更具普适性和更少歧视性。

选自[德]柯武刚、史漫飞:《制度经济学:社会秩序和公共政策》,韩朝华译,商务印书馆,2000 年,第 551~559 页。

四

创新驱动发展转型

1. 加快实施创新驱动发展战略

我国经济的发展,伴随着经济结构的调整和经济发展方式的变化。早在改革开放初期,邓小平就提出科学技术是第一生产力的重要论断,同时强调经济的发展需要依靠科技和教育,"我说科学技术是第一生产力。近一二十年来,世界科学技术发展得多快啊! 高科技领域的一个突破,带动一批产业的发展。我们自己这几年,离开科学技术能增长得这么快吗? 要提倡科学,靠科学才有希望。近十几年来我国科技进步不小,希望在九十年代,进步得更快。每一行都树立一个明确的战略目标,一定要打赢。高科技领域,中国也要在世界占有一席之地。我是个外行,但我要感谢科技工作者为国家作出的贡献和争得的荣誉。大家要记住那个年代,钱学森、李四光、钱三强那一批老科学家,在那么困难的条件下,把两弹一星和好多高科技搞起来。应该说,现在的科学家更幸福,因此对他们的要求会更多。我说过,知识分子是工人阶级的一部分。老科学家、中年科学家很重要,青年科学家也很重要。希望所有出国学习的人回来。不管他们过去的政治态度怎么样,都可以回来,回来后妥善安排。这个政策不能变。告诉他们,要做出贡献,还是回国好。希望大家通力合作,为加快发展我国科技和教育事业多做实事。搞科技,越搞越好,越新越好。越搞越新,我们也就越高兴。不只我们高兴,人民高兴,国家高兴。对我们的国家要爱,要让我们的国家发达起来"①。

———————

① 《邓小平文选》(第三卷),人民出版社,1993 年,第 372 页。

　　江泽民指出："转变经济增长方式,要重视科技和教育,认真实施科教兴国战略,实现科技教育与经济的紧密结合。科学技术是第一生产力,经济建设必须依靠科学技术,科学技术工作必须面向经济建设,始终把经济建设作为主战场,把攻克国民经济发展中迫切需要解决的关键问题作为主要任务,努力攀登科学技术高峰,提高科技创新能力。教育是基础,关系民族振兴、经济发展和社会全面进步。教育工作必须面向现代化、面向世界、面向未来,提高国民素质,为社会主义现代化事业培养大批跨世纪的优秀人才。"①

　　进入新时期,胡锦涛进一步指出："在当代中国,坚持发展是硬道理的本质要求就是坚持科学发展。以科学发展为主题,以加快转变经济发展方式为主线,是关系我国发展全局的战略抉择。要适应国内外经济形势新变化,加快形成新的经济发展方式,把推动发展的立足点转到提高质量和效益上来,着力激发各类市场主体发展新活力,着力增强创新驱动发展新动力,着力构建现代产业发展新体系,着力培育开放型经济发展新优势,使经济发展更多依靠内需特别是消费需求拉动,更多依靠现代服务业和战略性新兴产业带动,更多依靠科技进步、劳动者素质提高、管理创新驱动,更多依靠节约资源和循环经济推动,更多依靠城乡区域发展协调互动,不断增强长期发展后劲。"②

　　随着中国经济进入新常态,要素资源约束加紧,经济驱动方式的转变势在必行,对此,习近平指出："不能想象我们能够以现有发达水平人口消耗资源的方式来生产生活,那全球现有资源都给我们也不够用! 老路走不通,新路在哪里? 就在科技创新上,就在加快从要素驱动、投资规模驱动发展为主向以创新驱动发展为主的转变上。"③对于创新发展的重要价值和创新驱动发展战略的重要意义,习近平进一步指出："实施创新驱动发展战略,最根本

　　① 《江泽民文选》(第一卷),人民出版社,2006 年,第 464 页。
　　② 胡锦涛:《坚定不移沿着中国特色社会主义道路前进 为全面建成小康社会而奋斗——在中国共产党第十八次全国代表大会上的报告》,人民出版社,2012 年,第 22 页。
　　③ 《习近平谈治国理政》,外文出版社,2014 年,第 126 页。

的是要增强自主创新能力,最紧迫的是要破除体制机制障碍,最大限度解放和激发科技作为第一生产力所蕴藏的巨大潜能。面向未来,增强自主创新能力,最重要的就是要坚定不移走中国特色自主创新道路,坚持自主创新、重点跨越、支撑发展、引领未来的方针,加快创新型国家建设步伐。"①但是多年来,我国一直存在着科技成果向现实生产力转化不力、不顺、不畅的痼疾,其中一个重要症结就在于科技创新链条上存在着诸多体制机制关卡,创新和转化各个环节衔接不够紧密,就像接力赛一样,第一棒跑到了,下一棒没有人接,或者接了不知道往哪儿跑。对此,习近平认为:"要解决这个问题,就必须深化科技体制改革,破除一切制约科技创新的思想障碍和制度藩篱,处理好政府和市场的关系,推动科技和经济社会发展深度融合,打通从科技强到产业强、经济强、国家强的通道,以改革释放创新活力,加快建立健全国家创新体系,让一切创新源泉充分涌流。"②

①②　《习近平谈治国理政》,外文出版社,2014年,第128页。

2. 约瑟夫·熊彼特*:

创新经济理论

经济体系中的创新一般并不是按下面这种方式发生的,那就是,首先新的需要在消费者方面自发地产生,然后生产工具通过它们的压力转动起来。我们并不否认存在这种联系方式。可是,一般是生产者发动经济的变化,而消费者只是在必要时受到生产者的启发;消费者好像是被教导去需要新的东西,或者在某些方面不同于,或甚至完全不是他所习惯使用的东西。因此,尽管可以容许甚至有必要把消费者的需要看作是循环流转理论中的一种独立的和确实是基本的力量,但是一当我们分析变化时,就必须立即采取不同的态度。

生产意味着把我们所能支配的原材料和力量组合起来(参阅前面第一章)。生产其他的东西,或者用不同的方法生产相同的东西,意味着以不同的方式把这些原材料和力量组合起来。只要是当"新组合"最终可能通过小步骤的不断调整从旧组合中产生的时候,那就肯定有变化,可能也有增长,但是却既不产生新现象,也不产生我们所意味的发展。当情况不是如此,而

---

　　* 约瑟夫·熊彼特(Joseph Alois Schumpeter,1883—1950),美籍奥地利裔政治经济学家,哈佛大学教授,被誉为"创新理论"的鼻祖。他在《经济发展理论》(1912)一书中提出了"创新"及其在经济发展中的作用,《经济发展理论》创立了新的经济发展理论,认为经济发展是创新的结果。代表作有:《经济发展理论》《资本主义、社会主义与民主》和《经济分析史》等。

新组合是间断地出现的时候,那么具有发展特点的现象就出现了。以后,为了便于说明,当我们谈到生产手段的新组合时,我们指的只是后一种情况。因此,我们所说的发展,可以定义为执行新的组合。

这个概念包括下列五种情况:①采用一种新的产品——也就是消费者还不熟悉的产品——或一种产品的一种新的特性。②采用一种新的生产方法,也就是在有关的制造部门中尚未通过经验检定的方法,这种新的方法绝不需要建立在科学上新的发现的基础之上;并且,也可以存在于商业上处理一种产品的新的方式之中。③开辟一个新的市场,也就是有关国家的某一制造部门以前不曾进入的市场,不管这个市场以前是否存在过。④掠取或控制原材料或半制成品的一种新的供应来源,也不问这种来源是已经存在的,还是第一次创造出来的。⑤实现任何一种工业的新的组织,比如造成一种垄断地位(例如通过"托拉斯化"),或打破一种垄断地位。

现在有两件事情,对于伴随实现这种新组合而来的现象,以及对于理解它所涉及的问题是至关重要的。第一,新组合并不一定要由控制被新过程所代替的生产或商业过程的同一批人去执行,虽然这样的情况也可能发生。相反,新组合通常可以说是体现在新的商号中,它们不是从旧商号里产生的,而是在旧商号旁边和它一起开始进行生产的。这里,还是用我们已经选用过的例子来说明,那就是,一般说来,并不是驿路马车的所有主去建造铁路。这个事实,不仅使我们想要描述的过程所具有的特点即间断性得到特别的说明,而且可以说是在上面提到的那种间断性之外创造了另一种间断性,但它也说明了事态进程的重要特点。特别是在竞争性的经济里,新组合意味着对旧组合通过竞争而加以消灭,它一方面说明了个人和家庭在经济上和社会上上升和下降的过程(这是这种组织形式所特有的),同时也说明了一整个系列有关经济周期、私人财产形成的机制等等其他的现象。在非交换经济中,例如在社会主义经济中,新组合也常常在旧组合的旁边出现。但是这一事实的经济后果将会在某种程度上消失,而其社会后果则将会完全消失。如果竞争性的经济被巨大的联合组织的增长所打破,像今天在所有国家日益增多的情况那样,那么这在现实生活中必然会变得越来越真实,而新组合的实现必然会在越来越大的程度上变成同一经济实体的内部事情。这样造成的差别已经大到足以成为资本主义的社会历史中两个时代的分水岭。

第二,我们必须注意的,而又只同这一要素有部分关系的是,每当我们牵涉到根本原则时,我们决不应假定,新组合的实现是通过使用闲置的生产手段来进行的。在实际生活中,情况常常是这样。社会上总是存在有失业的工人,没有售出的原料,没有利用的生产能力,如此等等。这对于新组合的出现,肯定是一个有所帮助的环境,一个有利的条件,甚至是一种刺激;但是大量的失业却只是非经济事件——例如世界大战——的后果,或者恰好是我们正在研究的发展的后果。无论在这两种场合的哪一种场合里,它的存在都不能在我们的解释中发挥根本的作用,并且它在我们由以开始的极度平衡的循环流转中是不可能发生的。正常的年度增加也不能应付这种情况,首先因为这种增加会很小,其次还因为它通常会被循环流转内部相应的生产扩大所吸收;如果我们承认这种增加,我们就必须把生产的相应扩大设想为已经调整到了这种增长速度的。① 一般说来,新组合必须从某些旧组合获得必要的生产手段——由于我们已经提到的理由,我们将假定,新组合总是这样做的,以便使我们所认为的主要轮廓线更加形象突出。因此,新组合的实现只是意味着对经济体系中现有生产手段的供应作不同的使用——这可能为我们所说的发展提供第二个定义。资本形成的传统理论中所包含的关于发展的纯粹经济理论的初步要点,总是只提到储蓄以及由于储蓄而产生的投资的小量年度增加额。在这一点上它所主张的没有什么错误,但是它完全忽视了更为主要的东西。全国关于生产资料和储蓄的缓慢的和在时间上不断增长的供应,对于解释多少世纪以来的经济史的进程显然是一个重要的因素;但是它的重要性完全为这一事实所遮掩而显得逊色。那就是,

---

① 整个来讲,说人口缓慢增加,查到任何经济环境所许可的范围,比起说人口有任何超过这种可能性的趋势并从而变成为变化为一个独立原因来要正确得多。

发展主要在于用不同的方式去使用现有的资源，利用这些资源去做新的事情，而不问这些资源的增加与否。而且，在研究较短时期的问题时，这甚至从一种更加看得见的效果来讲也是真实的。不同的使用方法，而不是储蓄和可用劳动数量的增加，在过去50年中已经改变了经济世界的面貌。特别是人口的增加，还有储蓄由以产生的来源的增加，这首先是通过对当时存在的生产手段的不同使用，才得以大部分成为可能的。

我们论证中的第二步也是不言而喻的：支配生产手段对于执行新组合是必要的。对于在循环流转中进行活动的已经建立起来的厂商，购入生产手段是一个独特的问题。因为它们已经购入了这种生产资料，或者能用以前生产的收入去经常购入它们，像我们在第一章所说明的。这里在进款与支付之间没有根本的缺口，恰恰相反，二者必然彼此适应，就像两者与提供的生产手段以及与需求的产品相适应一样。这种机制一旦开动起来，它就会自动地运转。更有进者，这个问题并不存在于非交换经济中，尽管在这种经济中也执行了新的组合。因为领导机关，例如一个社会主义的经济部，有权将社会的生产资源引向新的用途，完全像它能将这些资源引向以前的用途那样。在某种情况下，新用途可能使社会成员要担负暂时的牺牲，感到匮乏，或要作出更多的努力；它可能要求以解决某些困难问题为先决条件，例如解决从哪一个旧的组合能将必要的生产手段抽出来的问题，但是却不会发生购入那种并非已经在经济部掌握之下的生产手段的问题。最后，就实现新的组合而言，这个问题也不存在于竞争性经济中，如果实现的人有着必要的生产手段，或者能通过利用已有的其他生产手段，或他们可能拥有的其他财产去交换他们现在需要的这种必要的生产手段的话。这并不是拥有财产本身的特权，而只是拥有可支配的财产的特权，那就是可以直接用来实现新组合的财产，或者可以用来交换必要的货物和服务的财产。在相反的场合——而这是一般的常规，因为根本上它是令人感兴趣的场合——财富的所有主，即使它是最大的组合，也必须求助于信用，如果他想要实现一个新组合的话，而这个新组合不像已经建立起来的企业，能够用以前生产所得的收益去提供资金。提供这种信用显然是我们称为"资本家"的那一类人的职能。很显然，这是资本主义型的社会用来迫使经济体系进入新渠道，使它的生产手段去为新目的服务的独特的方法——重要的足以成为这种社会的特色——这同非交换经济的那种只由领导机构行使权力去发布命令的方法是截然不同的。

从我看来，对于上面的说法无论如何是不能提出怀疑的。强调信用的重要性，在每一本教科书中都可以找到。即使最保守的正统理论家，也不大能够否认：没有信用，现代工业的结构就不可能创立；信用使得个人能够在某种程度上不依靠继承的财产而独立行事；经济生活中的才智之士能够"跨上负债而取得成功"。同时也无法指责：这里在信用和实现创新之间建立了联系。对这种联系以后我们将详加阐述。因为，不论是从推理来说，还是从历史事实的证明来说，这一点都是清楚的，那就是，信用对于新的组合是首要的，同时它正是从新的组合夺路进入循环流转的，一方面因为信用对于现在所谓的旧厂商的最初建立是必要的，另一方面因为信用机制一旦建立之后也就会由于明显的理由而占领旧的组合。① 第一，从推理上讲：我们在第一章看到，在通常的循环流转中，在习惯的渠道内，借入并不是生产上的一个必要的要素，不是一个没有它我们就不能理解循环流转的主要现象的要素。从另一方面看，在实现新组合时，"供应资金"作为一种特别的行为是根本上必要的，这在实践上也和在理论上一样，都是如此。第二，从历史上讲：为工业的目的而贷出或借入的人并没有很早在历史上出现。前资本主义的贷款人只是为工商业以外的用途提供货币。我们全都记得这种类型的工业家：他们感到借钱就会失去社会上的地位，因此他们回避银行和汇票。资本主义信用制度在所有国家都是从为新的组合提供资金而产生并从而繁荣起来的，尽管在每一个国家都采用不同的方式（德国的合股银行业尤其具有这

_____

① 其中最重要的是生产利息的出现，像我们在第五章将要看到的，利息在经济体系中的某个地方一经出现，就会立即扩大到整个体系之中。

种特色)。最后,当我们谈到以"货币或货币代用品"的形式接受信用时,也不可能会遇到什么绊脚石。我们肯定不会说,人们能用辅币、钞票或银行存款来生产,并且从不否认人们需要的东西是劳动的服务、原材料和工具,我们现在谈的只是获得这些东西的一种方法。

然而在这里有一点,正像我们已经暗示过的,我们的理论同传统的观点发生了分歧。传统的理论在生产手段的存在上看到一个问题,那就是,这种生产手段对于新的或任何的生产过程都是必要的,因此,这种积累就变成了一种特殊的职能或服务。我们则根本上不承认有这个问题,从我们看来,它只是由于错误的分析而产生出来的。它在循环流转中不存在,因为后者的流动是以一定数量的生产手段为前提的。但是它对于实现新的组合来说也不存在。因为后者需要的生产手段是从循环流转中抽出的,不论它们是已经在那里以所需要的形式存在着,还是首先必须利用在那里存在的其他生产手段去生产出来。对我们来说,存在的倒不是这个问题,而是另一个问题:把生产手段(已在一些地方被使用着)从循环流转中抽出来,并将其分配给新的组合的问题。这是通过信用来完成的;利用这个方法,想要实现新组合的人们可以在市场上对所需要的生产手段,比在循环流转中的生产者出更高的价钱。虽然这一过程的意义和目的是在于货物从旧的用途转向新的用途,但是如果我们完全用货物去描写它,那就不免要忽视某种主要的东西,而这些东西则发生在货币和信用领域,依靠它们才能说明资本主义经济组织形式——与其他类型相对照——中的重要现象。

最后,也是沿着这个方向第三步:需要用来购买新组合所必要的生产手段的钱从哪里来,如果有关的人恰好手中没有的话? 传统的回答很简单:从按年增长的社会储蓄再加上可能按年变为能够自由处置的那部分资源。第一种数量在大战以前确实是足够重要的(在欧洲和北美的私人收入总额中或许可以估计为五分之一),连同后一数量(它的数字很难从统计上得到),并不能立即从数量上拆穿这一回答的虚伪性。同时,有关实现新组合的全部工商业务范围的代表数字现在也不能得到。但是,我们甚至可以不从总的"储蓄"开始。因为它的数量大小只能用以前发展的结果来说明。其中的大部分并不是来自严格说的节省,也就是,不是来自节制着个人经常收入用于消费的部分,而是由这样的基金所组成的,那就是,它本身是成功的创新的结果,在那里我们以后将看到企业家的利润。在循环流转中,一方面没有这种可以从而进行储蓄的丰富的泉源,另一方面主要是缺少对储蓄的刺激。它所有的唯一巨大的收入,是垄断收益和大地主的地租;而为灾祸和老年做准备,或许还有一些不合理的动机,那恐怕就是唯一的刺激了。最重要的刺激,即参与发展的盈利机会是不会存在的。因此,在这样一种经济体系中,不可能有自由购买力的巨大蓄水池,想要形成新组合的人可以从中取用——而他自己的储蓄则只能在特殊的场合才足以敷用。所有的货币都将会流通,都将会固定在确定的已经建立起来的渠道之中。

尽管对我们的问题的传统回答不是明显悖理的,但还有另一种为此目的而获得货币的方法值得我们注意。因为它不像我们已经提到的那一种,它并不以存在先前发展的积累结果为前提条件,为此可以看作是从严格的逻辑意义上能够应用的唯一方法。这种获得货币的方法,是利用银行来创造购买力。它采取的形式是无关重要的。发行银行券而不完全用从流通中抽出的硬币来保证就是一个明显的例子,但是存款银行业的方法提供了同样的服务,这种方法增加了可能支出的总额。或者我们可以想起银行承兑,因为这种承兑起着货币的作用,在批发贸易中作为支付手段。这个问题,不是一个把已经存在于某人手中的购买力加以转移的问题,而总是从无有之乡创造出新的购买力的问题——即使创造新的购买力的信用合同是以有价证券(它们本身不是流通工具)来支持的——它是添加到现有流通中来的。这就是新的组合常常得到资金供应的源泉,而新的组合总是会要从它得到资金供应,如果以前发展的结果并不曾在任何时刻实际存在的话。

这种信用支付手段,也就是为着支付的目的并通过给予信用的这种行为而创造出来的支付手段,在贸易中起着与现款完全相同的作用,部分的是直接起着这种作用,部分的是因为它可以立即转换为现款,作为小额支付,或作为对非银行业阶级——特别是对工资劳动者的支付。借信用支付手段之助,实现新组合的人们可以获得生产手段的现有存量,或者根据具体情况,使得那些他们从其手中购入生产性服务的人们可以直接进入市场而获得消费品。在这种关系中,绝没有这种意义的信用的给予,那就是有些人必须等待以货物表示的他的服务的等价物,而自己只得到一个请求权,从而完成一种特殊的职能;甚至也没有这种意义的信用的给予,那就是有些人必须为劳工或土地所有者积累生活资料,或者积累生产出来的生产手段,所有这些都只能从生产的最后结果中得到偿付。从经济上讲,在这种支付手段(如果它是为新目的而创造的)与循环流转的货币或其他支付手段之间的确有一种本质上的区别。后者可以设想为:一方面是已经完成的生产以及通过生产所实现的社会产品增加额的一种证明单,另一方面是对这种社会产品的一部分的一种命令书或请求权。前者则没有这两种特征中的第一种特征。它们也是命令书,人们可以用来立即购得消费品,但不是对以前生产的证明书。要接近或达到国民总所得,通常只能是以从前提供过的某种生产性服务,或从前出售过的某种产品为条件。在这一情况下,这个条件尚未得到满足。只有在成功地完成了新的组合之后,它才能得到满足。于是这种信用将会同时影响物价水平。

因此,一个银行家与其说主要是商品“购买力”的中介人,倒不如说是这种商品的生产者。可是,因为今天所有的准备基金和储蓄通常都流向于他,对自由购买力——不论是已经存在的还是将要创造出来的——总需求都集中于他,他已经代替了私人资本家,或者是变成了他们的代理人,他自己已经变成了典型的资本家。他立于想要实现新组合的人们和拥有生产手段的人们的中间。他在本质上是属于一种发展的现象,虽然只是在没有中央权力机关领导整个社会过程的时候。他使新组合的实现成为可能,他好像是以社会的名义授权人们去组成这种新的组合。他是交换经济的主宰。

选自[美]约瑟夫·熊彼特:《经济发展理论——对于利润、资本、信贷、利息和经济周期的考察》,何畏、易家详等译,商务印书馆,1990年,第73~82页。

3. 道格拉斯·C. 诺斯[*]：

制度创新与经济收益

制度创新及其方式

经济制度与产权在大多数经济模型中被设定为具有独特的和不变的价值，但是，在研究长期经济增长时，这些价值常常会发生根本变化。我们假定经济制度会被创新，产权会得到修正，因为它表现为个人或团体渴望承担这类变迁的成本，他们希望获得一些在旧有的安排下不可能得到的利润。

如果预期的净收益超过预期的成本，一项制度安排就会被创新。只有当这一条件得到满足时，我们才可望发现在一个社会内改变现有制度和产权结构的企图。例如，如果生产在大企业内完成比在小企业更为廉价，则一个公司的经营可能比独有制更为廉价；如果在两个市场之间的价格差异极大，则通过组织第三市场将商品从低价市场运到高价市场可能是有利可图的；如果盗窃和掠夺盛行，则创造一种有效的监察力量将会提高私有财产的价值；如果一个企业家期望建立一个水坝以生产电力，这同时也减少了下游

---

[*] 道格拉斯·C. 诺斯(Douglass C. North,1920—2015)，美国经济学家、历史学家，新制度经济学派代表人物。由于建立了包括产权理论、国家理论和意识形态理论在内的"制度变迁理论"获得1993 年诺贝尔经济学奖。主要代表作有：《1790—1860 年的美国经济增长》《经济史中的结构与变迁》《制度变革的经验研究》等。

的洪水损害,建筑者可以通过事先购买下游的部分财产以占有这些收益的一份,另一方面,他可能要求政府对下游的受益者强制征税,以帮助补贴他的建筑成本。

至于制度安排的形式,从纯粹自愿的形式到完全由政府控制和经营的形式都有可能。在这两个极端之间存在着广泛的半自愿半政府结构。自愿的安排简单地说是相互同意的个人之间的合作性安排,任何人都可以合法地退出。这一能力当然暗含着决策必须是一致同意的,接受这一决定的成本低于由退出所带来的成本。另一方面,政府的安排并没有提供退出的选择权,因此,行动并不要求有一致的同意,而只要遵从一些决策规则就行了。例如,在一个民主社会,一个样本的大多数常常能决定行动的过程。

为了实现规模经济,从交易费用中获益,将外部性内在化,降低风险,进行收入的再分配,无论是自愿的还是政府的安排都将要被创新。例如,公司帮助实现规模经济的收益时就内含着大规模经营,TVA 从动力的形成与分配中产生了类似的收益。股票交易是一个自愿安排的创新降低了交易费用的例子,保险公司则是一个自愿安排用于降低风险的例子,同时,政府的就业交易和联邦储备保险公司则是类似的政府创新的例子。太平洋联盟对太阳谷的开发——这一开发将一原始的地区变成了一个主要的疗养胜地——就是一个自愿的合作团体有效地掌握了与一个复杂的分散经济活动的发展相联系的外部性的例子。一个住宅法案、一个政府方案的实施可能旨在实现一个已经建立的共同体的同样目标。工会和美国医疗协会是自愿安排被用于再分配收入的例子,贸易壁垒和累进所得税是政府性安排的实例。哪些因素是在个人、自愿合作的和政府安排之间进行选择的基础?

……

制度创新带来外部收益的途径

现在,让我们进一步具体地说明那些诱致人们去努力改变他们的制度安排的收益来源。从理论上讲,有许多外部事件能导致利润的形成。在现有的经济安排状态给定的情况下,这些利润是无法获得的,我们将这类收益称之为"外部利润"。在本文中我们的分析只限于四个方面:(A)规模经济;(B)外部性;(C)风险;(D)交易费用,因为它们在美国的发展中表现出最为重要的作用。如果一种安排性创新成功地将这些利润内部化,那么总收入就会增加,创新者可能在不损失任何人的情况下获取收益。

(1)规模经济

生产中的规模经济是一种技术现象,它所反映的一个事实是,最有效(单位成本最低)的产出可能需要企业的规模很大,以至于要求有比单个所有者或合伙制形式能够负担的费用更大、组织更为复杂的企业。

用经济学的行话来说,一个企业在任何时刻都面临着技术的制约。在外行看来,这一表述必然意味着只有在给定的任何技术状态下,由现有技术对投入的组合所设定的限制方式才能形成产出。经济学家对物质投入与产出之间的技术关系的缩略语是"生产函数",它常常表述为:$O = P(L, K, T)$。这里 O 是指产出,L,K 和 T 分别指劳动力、资本和土地,P 是指支配这些投入转变为产出的技术函数。对这一关系的形式没有事先的约束,因此,所有投入的加倍可能导致低于产出的加倍,或正好等于产出的加倍,甚至高于产出的加倍。如果前者能保持,生产函数就被说成是属于规模报酬递减(它所采取的方式是将更多的投入用来生产等量的产出);如果第二个条件满足,就说成是规模报酬不变;在最后一个条件下,是规模报酬递增(在较高的生产水平下生产一个额外单位的产出要比在较低水平下生产它所需要的投入少)。进而,由于相互关系是不受限制的,相应于产出的一些部分或范围可能属于报酬递增,对另一种则为报酬不变,对第三种为报酬递减,尤其是如果生产流程需要有大量的投资,而且复杂的工厂必须选定在一个完全没有的基础上,则渴望报酬递增直到该工厂达到其生产能力,在此以后又发生报酬递减。

如果所有企业能够等额地增加资本和技术,就无法预言哪些企业将发展,而哪些企业将衰亡。不过在现实世界中,并不是所有企业都能等额地得到资本。企业自身的组织形式可能是它的可得资本供给量的很好的决定性要素。既然单独所有和合伙制的特征是有限的寿命和无限的责任,则对这类企业的长期外部融资的供给常常会受到很大限制,这类投资附着无限责任,等额融资一般是较少见的,而且,由于企业(与它的所有者)在破产时,资本仍然是它的余下寿命的一部分,负债经营将更为困难。后一个制约的约束力越强,资本就越专一。具有无限寿命和有限责任的公司的创新提高了对获取资本的限制,因而允许创新者获取内含于规模经济中的利润。

以美国的经验而论,19 世纪后半期的标志是需要大规模生产的获取最低单位成本的制造技术的大量发展,与此同时,传统的独有制和合伙制企业的资本的有限供给,阻止了这些组织形式扩张成大规模的企业,后者的先决条件是要利用新的技术。因此,技术使得在一个非常大规模的,但在传统的方式下组织的企业因不能获取资本,从而阻止了它们获取"有效的"生产水平从事更为经济的生产。公司能增加资本,它亦能获取全部的规模经济优势,它的创新允许在现有的新技术下获取外部利润。

(2)外部性——外部成本与收益的变化

当企业做出的生产决策没有承担内含于决策中的所有成本,或当从产出的销售的决策中所获取的全部收益不能增加时,生产中的外部性是存在的。类似的,当消费单位的效用不仅取决于该单位的消费,而且取决于其他单位的消费时,消费中的外部性也是存在的。在每种情形下所做出的生产或消费决策都可能没有完全地评价相应的成本与收益,其结果,决策就不可能是帕累托有效的(即所作出的一个不同的决策可能至少使一个人的境况更好,同时并没有使任何人的境况变得更糟)。为了更好地描述从再组织中所获取的利润的潜在来源,让我们检验几个情形下的外部性。

回到制造业工厂的例子,它不仅生产了供销售的产品,而且也产生了大量的黑烟,假定烟尘是随产出的增加而增加的,人们当然愿意呼吸清新空气而不是污染的空气。根据假定,既然每个呼吸烟尘的人的效用受到相反的影响,则这一效用的减低肯定就是企业生产的总成本的一部分。此外,由于人们希望烟尘较少而不是较多,成本要素就会随企业产出的增加而上升。不过,效用的减低作为一个真实的成本项目,并不是由企业承担的,因此,它没有包括到企业在决定最有利的产出水平的计算中去。由于企业将选择一个使它的利润最大化的产出水平,则随着产出的增加,这些没有包括的成本项目可能会增加,这可能会造成企业选择的产出水平大于它们在被迫考虑所有成本时所选择的产出水平。有些诱致企业在计算中去包括所有的相关成本的再组织将增加社会的所有成员的总收益(尽管它可能会减低企业的增加部分)。现在让那些承担了烟尘成本从而创新了一些新的制度的人来支付补偿,这可能将诱致制造业工厂在其利润的计算中包括所有的成本项目。

尽管发展一个私人方面的市场常常有可能使一些团体获取潜在的外部利润成为可能(即使利润"外在化"),但这类私人创新的成本是被禁止的。在这一情形下,再组织可能发生于市场外部——通过政府的干预。当制度的再安排包括一些政府行动时,就不能再保证新的安排比旧有的安排优越,它可能正好是不同的。

……

制度的再组织旨在使外部性内在化,因而它可能增加社会的总收益,但它也可能使它们降低。这一事实应在整个分析中牢牢记住。

(3)克服对风险的厌恶

风险的盛行——有些形式在未来的交易中是不可能作出的——是另一个削减经济活动的因素。

我们可以断言大多数人都是厌恶风险的,在不存在厌恶风险时,一个人将愿意为了100万的可能报酬而用1美元去打赌,如果赌博使1美元的冒险能获取100万的潜在利润的结果是肯定的。……如果有些能够克服厌恶风险倾向的机制被创新(如将这些人的风险集中于不厌恶风险的人),总利润就可能增加,或使得风险的结果相应于所获取的收益表现得更为确定。前一方案常常通过发展一些专门的市场来实现(在下面的"市场失败"一节中要考虑到），而后一方案往往要通过保险来实现。

……

保险方案可能是企业间的，但是更为经常的是，创新会产生专门提供所需要的保险的企业。不过，为了使之有效率，有些人必须首先能评估风险。人寿保险的思想可以回溯到 17 世纪，它几乎在 19 世纪中叶以前就在美国被成功地创新了。在这一情形下，创新所期望的是建立一个适当的死亡率表——评定风险的根据。不过即使在那时，在南方的企业由于人口的子集合，它们没有计算比率的适当根据，这些企业仍拒绝出售保险。第二，保险的基金必须大到足以分散风险。例如，在 19 世纪后期和 20 世纪初，一些州通过了银行保险法，以保护银行破产时的存款人。遗憾的是，在农场的创新计划中州银行失败的主要原因是恶劣的天气。由于气候往往是地区性的，以州为单位还不足以提供必需的保险基金（差不多所有的银行在同时陷于困境），这一方案遭到了普遍性失败。30 年后，一种以国家为基础的类似方案的创新（联邦储备保险公司）使得保险计划成为可行。

单一安全的价格波动效应的保险，是潜在的投资者通过广泛的金融制度所提供的服务特征。"分散化"的目标在投资教科书中备受推崇，但是它除了作为保险的一个技术性词汇外一点意义也没有。一个分散的业务责任意味着一种在广泛的活动中进行投资的制度不能为一般业务的失败保险（正如 30 年代的经验所证明的），它保护了个人（甚至是行业方面）的失败。

美国的发展是以在一些保险阶段专门化的企业的大量增长为标志的，几乎可以肯定的是，这些创新增加了总收入。不过，它们也并不是没有成本的。既有组织的成本，也有评定风险的成本，还有影响保险合约的成本。尽管有这些成本，创新仍然是有利可图的。

（4）市场失败和不完善市场的发展

经济学家惯于假定所有市场都是完全的。根据定义，这一假定排除了由市场运作失败所引起的任何可能的潜在利润。不过，在现实世界中，信息并不是免费的，因此完全的市场（它的存在取决于完全的知识）是不存在的。

信息成本较低,市场的运作当然就更好。事实上,即便是在发达国家它们也远不是完全的,而在欠发达国家信息成本可能高得使市场无法运作。

一般来说,信息不仅是有成本的,而且是报酬递增的,即人们常常必须支付信息,但成本不会有很大变化,而不管这一信息是被用于影响一种、一百种或一千种交易。如果信息成本十分大,而且它们是属于成本递减的,则人们从使不确定性降低的信息流的递增中可能会获取巨额利润。最为经济的安排性创新可能是一种专门化的企业,因为它不仅供给了信息,而且也实现了潜在的规模经济。

即便市场只涉及一个地方或一个时区,我们也没有逻辑上的理由来假定较高的信息成本不可能导致市场失败。事实上,当市场必须通过空间的或临时的壁垒而形成时,市场失败是经常发生的。在缺乏一个适当的信息网络(而其他方面相同)时,企业家必须为潜在收入而贴现,因为潜在的买者(或者在时间和空间上)离交易场所越远,不确定性往往越大。事实上,这些不确定性的贴现可能十分高,从而使贴现的均衡价格可能低于零,市场无法完全运作。

……

如果这类不完全市场存在,就有可能建立一些制度再安排来使它们能更容易地运作,而且这一创新通过允许投入和日用品被运到它们能获取最高报酬的市场增加了总收入。例如,如果一个人只愿意投资一个很小的量,他就不会向在远处积累了过时投资信息的人支付任何费用。由于成本会遍及大量的交易中,这确实要向经纪单位支付一笔费用,以做出这一开支。一个市场服务可能再度以非常低的成本提供从许多市场到大量消费者的价格信息,但是一个传播者自己获取该信息的任何努力可能都是代价极大的。

结论

我们已看到,当在现有的制度结构下,由外部性、规模经济、风险和交易费用所引起的收入的潜在增加不能内在化时,一种新制度的创新可能允许获取这些潜在收入的增加。进而,我们已论证,制度水平(个人的,自愿合作的和政府的)之间的选择由与各种选择相联的成本收益来表示。在这些潜在利润既定的条件下,要获取它们,就要向创新了一种新安排的某些人或团体支付费用。在每种情形下,成功的创新导致总收入的增加,而且在原则上可能没有人在这一过程中受损。我们所概括的模型当能更准确地得到说明,并能与一系列同经济环境相关的初始条件相联系时,它可以用于"解释"如美国过去所发生的安排性创新那样的进程。

选自[美]L. E. 戴维斯、D. C. 诺斯:《制度变迁的理论:概念与原因》,载[美]科斯等:《财产权利与制度变迁——产权学派与新制度学派译文集》,刘守英等译,上海三联书店,1994 年,第 274～291 页。

4. 迈克尔·波特[*]：

政府制定产业政策的前提

　　当政府的政策影响到钻石体系的四个关键要素(指生产要素、需求条件、相关产业与支持性产业、企业战略企业结构和同业竞争——编者注)的任何一项或超过一项时，无论这个政策是属于地方性、地区性还是国家层次，都会左右产业的竞争优势。在最广泛的层面上，政府所提出的政策如果想提升(而非伤害)国家竞争优势，它必须注意下列几个大前提。这些大前提与接下来所谈的每一个特定政策领域有关，也是评估政府处理经济事务的标准。

　　(1)从事产业竞争的是企业，而非政府。竞争优势的创造和提升，最后必须反映在企业上，因为它们才是直接与外国对手较劲的主角。一般而言，政府在管理企业和回应市场变动等涉及国际竞争的表现上并不理想。政府即使拥有最优秀的公务员，如果他们无从决定应该发展哪项产业、必须投资哪种技术，以及如何达到最适当的竞争优势，也是无用的。这种情况可以从日本、韩国、新加坡、英国、法国等国中那些听命于政府的产业的表现看出，

　　---

　　* 迈克尔·波特(Michael E. Porter)，美国管理学家、哈佛大学商学院教授，被誉为"竞争战略之父"，是现代最伟大的商业思想家之一。他在《国家竞争优势》(1990)一书中分析了国家为何有贫富之分，一个重要的因素就是国家的价值体系，他把这种价值体系形象地称为"钻石体系"。主要代表作有：《竞争战略》(1980)、《竞争优势》(1985)等。

政府根本不可能以产业参与者的角色跟上市场变动的步调，也无法依赖扭曲市场的政治力量来作决策。

如果政府不能创造有竞争力的产业，那么这个责任就落在了企业的肩上。由于竞争与国家环境特点有关，政府只是竞争环节中的一部分而已。政府能做的是打造或影响企业周边的机制结构，以及从旁提供企业所需的资源。除非是处于竞争发展的初期阶段，否则一个成功的政府政策应是创造企业能从其中获得竞争优势的环境，而非直接介入竞争过程。政府最有影响力的作用往往是间接而非直接的。

政府要扮演好角色，最应该做的是成为放松或扩大钻石体系的力量。当政府成为钻石体系的闸门时，它可以创造创新的机会和压力。日本政府对这方面的认知无人能及。日本的政府政策刺激市场的抢先需求，也通过象征性的合作研发计划带动产业发展最新的技术，或利用奖励方式强调质量的重要性，并以鼓励竞争和其他相关做法，使产业创新和发展的步调加快。不过，日本的官僚体系也常常提高产业门槛，以掌控产业结构，并听任政治力量长期保护国内市场，使该国毫无效率的零售业、营销渠道、农业和相当多的工业与外国竞争绝缘。碰到这类情形，不理会政府的产业往往苦尽甘来，而其他乖乖听话的产业，最后终将成为导致国家生产力衰退的祸首与受害者。

当政府介入产业时，应该注意并决定市场需要创造哪些条件，并且鼓励企业行动，因为这通常是专业化及萌发产业力量所必备的条件。以德国的研究发展政策为例，该国技术能持续发展，是因为政府拨款诱导企业发展研发工作，或赞助企业与大学之间的研发计划。英、法两国的做法正好相反，它们的政府精英主动投入与民间相关的研究计划，所产生的政策效果利弊参半。至于美国，近几十年来，政府虽然在科技发展上投入庞大的联邦预算，但是只有极少数的成果与产业竞争优势有关，原因是大部分研究计划和产业无关。

政府必须直接投入的部分应该是企业无法行动的领域，比如贸易政策，或是外部效益过大造成企业不易投资的领域。能够产生外部效益的领域往往是投资所得的好处超过单一企业或个人,它的影响可能遍及全国。在这种情况下,企业倾向于低度投资,并指望国家承担起负责的角色。这些领域包括普通教育、环境质量、某些具有提高许多产业生产力的研发等。

(2)产业的国家竞争优势是相对的,而非绝对的。许多关于国家优势的讨论把焦点放在国内的情况。不过评估竞争优势的标准绝不能只看国内,而要比较它与对手国家的差异,而劳动者素质和工作动机是决定本国表现的因素。生产率的真正价值也不只在于它是否是本国产业中最高的,而在于它与其他国家比较时能不能出现相对更好的表现。这种相对比较的观念从 20 世纪 60 年代以来渐渐受到大家的重视。像美国、英国和丹麦等国家,它们的问题不在于产业没有进步,而在于速度不如其他国家快。

一个国家想要提升本身的经济时,国际水平是它制定政策时最起码的标准。以机械工程的教育政策为例,日本和德国规定学生必须修满指定学分才能毕业。同理,想要产生竞争力的国家,如果没有适当的追求目标,单单依赖现有基础的改善是不够的。

(3)竞争优势来自长久的活力,而非短期的成本优势。当国家具备永不停止的改善和创新能力时,竞争优势才能不断提高。传统的优势如果不能被其他国家的产业复制,也会因过时而失去价值。

政府在制定产业政策时最常犯的错误是,只着眼静态、短期的成本趋势,却伤害到整个产业的创新与活力。政府真要"协助"产业,绝对不能实行"避免资源浪费"的联合研发计划,或允许以节省经常开支或提高效率的名义进行实际上只会减少国内竞争的企业合并行动。但是,政府采用的政策,多半还是会妨碍、延缓或扼杀企业对改善和创新的敏感度,或是提供给企业一些错误的信号。想想看,国内企业的并购或合作计划即使再成功,它的经济规模也很少能达到节省10%成本开销的效果,但是相同的目标,却很容易在国际市场竞争和快速的产品和流程改进中实现。政府往往犯下"爱之适足以害之"的毛病,因而使企业的竞争基础逐渐崩溃。

压力和警觉心是国家竞争优势的一部分。以意大利为例,企业在20世纪70年代开始大幅进步并走向高标准的产业环节,那段期间也是里拉快速升值的阶段。币值压力迫使意大利企业提升产品质量和引进现代化技术。除非本国产业还在成本导向或投资导向的初级阶段,否则政府不应该提供太多的协助,如此才能使挑剔型客户、激烈的国内竞争等企业创新条件得以充分发挥。

(4)国家需要产业发展带动经济繁荣。有些国家的环境确实比其他国家好,这也使得它们在提高生产力和保持竞争表现上更加有利。不过,通常具有充沛的自然资源、廉价劳动力成本、弱势货币的国家生产力也比较差,相对来说竞争力更不稳定。政府如果将竞争优势建立在这些条件上,会引导企业走到价格导向战略或价格竞争的道路上。历史已证明这种战略经不起其他国家的企业或保护主义的挑战。原因是价格竞争战略往往带来其他国家对倾销的抗议,甚至以提高关税作为报复。另一方面,这一类的优势也很容易被发展中国家模仿,或因对手政府的补贴手段而丧失殆尽。

竞争优势的最高层次是相对较高的生产力。这种生产力的提升来自于稳定提升技术水平、新产品推陈出新的风潮、与客户联系密切的投资,以及在全球市场发展出的经济规模。最稳健的战略是扩大、提升市场规模,而非弃本国问题不顾而转向和外国人做生意。一个国家的竞争优势如果是依赖其他国家的市场,那么很容易受到其他国家政府的伤害。当一个国家的企业拥有更高层次的产品差异性时,它所角逐的就是其他国家所不能及的市场,其他国家政府所可能给予的威胁就相对减轻了。

因此,政府制定产业政策的基础,必须着眼于提升产业竞争优势,并督促企业确实做到。可惜的是,产业政策本身往往过于强调维护已有优势,反而对产业发展与进步过程形成阻碍。

(5)展现国家竞争优势的产业通常具有地理集中性。本书曾经提过不少例子说明,在国际称霸的产业或产业集群,通常会聚集在某个城市或区域,它们的优势是完全本土化的。地理集中性不但是产生竞争优势的重要条件,更是扩大和持续竞争优势的良机。因此,州政府和地方政府的角色将会越来越重要。

一般,人们往往会先入为主地认定,提升竞争优势的政策是中央政府的责任,必须以整个国家的环境条件为对象。随着区域和地方的重要性越来越明显,有必要将大学教育、基础设施、地方性规范、地方性研究机构和信息等地方特色纳入政策考虑。在本书研究的案例中,德国的巴登—符腾堡地方政府的政策,以及意大利个别城镇对国家竞争力的影响,远远超过由中央政府制定的政策的力量。

(6)一家新公司成立之后,大约三四年即可迈入正轨。一个产业要形成国家竞争优势,则需要10年或更长的时间。竞争优势涉及人力资源的提升、产品与流程的投资、产业集群的建立和对海外市场的渗透等,绝不是一蹴而就的。例如,日本小汽车从20世纪50年代开始出口,但是在国际竞争中站稳脚跟却是要20年的时间。

不过,从瞬息万变的政治来看,10年可能如遥远漫长的永恒,产业政策因而成为救急与应付短期经济变化的药方。当政府把注意力放在改善贸易表现,使用薪金调整、货币市场干预、控制通货膨胀或其他政策工具时,可能对很多产业在获利表现上有些小的帮助,不过对产业想要建立长期竞争优势并没有实质的帮助。同样,要让政策在短时间内见效,政府也倾向于选择补贴、保护或促成企业合并等做法,可是这些做法只会使产业创新的机能受挫,并腐蚀经济的平均生产力。

政府该做的并且真正有助于产业的是创造生产要素,制定鼓励竞争、提升需求质量等政策。然而,其所产生的效果往往不能立竿见影。甚至很多有利于长期竞争的政策,会带来短期的阵痛;长期被保护的产业一旦自由化,必然导致失调。由于解决这些现状比贯彻遥远的政治目标急切得多,政府在制定政策时,常常只好延续传统模式,或屈从于特殊利益团体。在这方面,日本的竞争优势来自于它在政策制定上具有强大的自主性,这和第二次世界大战后日本的执政党长期一党独大、形成稳定的多数有关。意大利和美国表现出来的则是另一种相反的模式,这两个国家的产业政策由于政治领导人和执政党的快速交替,利益团体运作的痕迹也特别明显。

(7)一国的优势在于它与其他国家的差异性,而非一致性。每个国家的产业竞争力都有大小强弱之分。没有一个国家能在所有产业上维持绝对的竞争力。因此,竞争的成功来自国家独具的环境与特定产业竞争优势的结合。以意大利为例,意大利竞争力强的产业大多是点状、分散的,这与该国独特的环境有关。许多评论家低估意大利的经济力量,原因是他们拿意大利和美国、德国或日本等经济结构截然不同的国家做比较。事实上,每个国家在需求、技术、供应系统和教育长处等各方面的差异性正是竞争优势中最宝贵的条件。

尽管有些经济原则和政策具有普遍性,可以适用到大多数国家的产业政策中,不过把另一个国家的政策模式全盘搬到本国使用却是一个错误。当一个国家将另一个国家的模式全盘移植,发展相同产业、采用相同战略或相同的政府计划时,这只能使这个国家发展到某种程度,但不可能产生并驾齐驱或超前的效果。各国政府的任务是真正了解自己国家的优势与基本条件,并通过政策使环境特色表现出来。

(8)形成国家竞争优势的产业与各种产业分类方式并无关联性。基于经济发展研究的需要,很多人习惯把一个国家的产业分门别类,因此出现所谓的高科技产业或低科技产业、朝阳产业或夕阳产业、成长型产业或成熟型产业、制造业或服务业,乃至于劳动力密集(资本密集)或知识密集型产业等说法。这种分类意味着某个范畴的产业优于另一类范畴的产业。尤其当产业被冠以高科技、朝阳产业、成长型、制造业或知识密集等名词时,更是令人兴奋。这种区分甚至已影响到政府制定产业政策时的考虑。

不过,这种分类经不起深入的分析。例如意大利的经济发展良好,生活水平一直在提高,支持的力量是纺织、制衣、家具、制鞋等被视为成熟型或传统型产业的竞争优势。虽然这些产业被看做是成熟型产业,但是意大利企业积极引进现代化的制造技术,使用新材料、采用新的设计知识和理念,以快速创新。因此,意大利的这些产业的生产力是在持续增强。

另外,德国、瑞典、瑞士被视为"成熟型"的轿车、卡车、纺织机械、采矿设备或其他机械工业也仍然享有贸易顺差。

事实上,绝大多数产业,即使今天不是,将来也必然成为高科技或知识密集型产业。象征现代科技的微电子、尖端材料、信息软件和其他技术,正在改变每一个产业从产品到价值链的面貌。甲国的成熟型产业可能是乙国的成长型产业,差别只在于该国企业有没有活力而已。同样的道理,制造业并不必然优于服务业,因为许多服务业照样要使用精密的技术,讲求高级的生产力。

政府的政策在于提供任何产业都能创新和提高生产力的环境。唯有经济多元化,产业才能找到从技术到工作目标也多元化的人力资源。依此类推,没有哪个产业是国家绝对不可缺少的,也没有哪个产业需要政府在市场上给予保障。各种产业或各个产业环节之间,最重要的区别是生产力,因为它关系到生活水平的高低。另外,对于那些为数不多却能带动生产力的火车头型产业,政府则应特别予以关注。但是在拟定政策时的大前提是,要避开保证企业利润或出口配额等保护行动。

(9)对企业和员工而言,持续竞争优势的过程并不轻松。要保持持续的优势,必须面对持续的压力和挑战,以及投以持续的改善与投资。许多企业更乐于选择稳定,而不愿长期奋战。

这种情况可以由几方面来理解。例如,企业领导人希望货币贬值以减少价格上的压力,他们往往用"不公平竞争"的名目,寄望政府排除外国的竞争者。此外,企业也希望冷却"过度"的国内竞争,瑞士就流行卡特尔组织或美国与北欧模式的并购行动,以降低国内的竞争。还有一种倾向是企业投资于不相干的产业,发展多元化经营,以逃避核心产业所面临的问题。

这些心态会影响产业的未来命运。许多企业员工或劳工领袖因为屈从这种人类天性,而丧失对真正竞争优势的远见。他们争取或支持的政策往往并未考虑长期利益。这些行动也会延缓变革、阻碍创新,隔绝企业从产业集群中获得的帮助,并且朝竞争劣势方向发展。事实上,抗拒变革的唯一方式就是持续保护国内市场,但是依赖保护、抗拒变革的时间越长,该国的消费者和产业所受的伤害就越深。

政府制定政策必须注意两个层面的问题:首先,只要企业和工会相信政府会"协助"或允许它们避开必须面对的问题,它们就不会求变,政府直接"协助"某一个企业或产业的效应也会扩散开来,引起其他企业或产业一视同仁的要求。第二,如果政策选择只考虑到讨好本地产业,也会产生降低生产力的效果。政府官员可以对产业所面对的不确定性和恐惧表示感同身受。但是像政客选择讨好产业界或工会的政策,对产业的伤害将是难以估量的。

选自[美]迈克尔·波特:《国家竞争优势》(下),李明轩、邱如美译,中信出版社,2012年,第131~139页。

5. 埃德蒙·菲尔普斯[*]：

现代经济^①的创新活力之源

创新、活力与增长

重申一下，创新是指新工艺或新产品在世界上的某个地方成为新的生产实践。这种新的生产实践在推广前可能只在某个国家出现，或者在某个跨越国境的地区出现。任何创新都既涉及新事物的原创（概念构思和开发），又涉及其试点应用。因此，创新依赖于整个系统。有创新构想的人和企业只是开端，要获得良好的发展前景，社会还需要有专业知识和经验的人判断是否值得开发，是否应该投资某个推荐项目，在新产品或新工艺开发出来之后，还需要判断是否值得尝试推广。

直到最近几十年，人们都认为支持创新的这套系统就是各国的国民经济。为了开展创新，一个国家必须做自己的开发和应用工作。但在全球经济中，各国经济对外界的开发是开放的，某个国家开发的新事物可能在其他

＊　埃德蒙·菲尔普斯（Edmund S Phelps），美国哥伦比亚大学教授，2006 年获诺贝尔经济学奖，提出了著名的"经济增长黄金律"，从而正式确立了经济增长理论。他在《大繁荣：大众创新如何带来国家繁荣》一书中，认为社会制度、科学发明、航海发现并不是缔造国家繁荣的根本原因，相反，渗透到大众草根阶层的创新精神才是经济腾飞的持久动力。

①　这里的"现代经济"一词是指具有高度活力，即充满创新的意愿、能力和抱负的经济形态——编者注。

国家得到应用。假如某项联合或独立完成的创新已被其他国家采用，那么从全球视角来看，它在本国的应用就不再被视为创新。当然，挑选在本国市场具有良好前景的引进产品，与挑选要开发的创意一样，也需要敏锐的洞察力。创新和模仿存在本质区别，但并不容易划出一条绝对的界限。

我们也必须理解经济活力的概念，它是创新背后的深层动力与制度的综合体：革新的动力、必要的能力、对新事物的宽容度以及有关的支持制度。因此，这里所说的活力是指创新的意愿和能力，而非现实的条件和障碍。活力与人们通常所说的灵活性不同，灵活性是指对机遇的敏感性、对行动的准备以及熊彼特所说的"把事情做成"的激情；活力决定着创新的正常规模，当然其他因素（如市场环境）也会对结果造成影响。同时，就像作曲家可能有创作的高潮和低谷一样，社会也可能出现创新的短缺期和爆发期。因此在活力水平（创新的基本趋势）保持不变的情况下，实际的创新节奏也可能表现出显著的波动。二战后的欧洲在 20 世纪 60 年代出现了少量创新，例如比基尼、新浪潮电影、甲壳虫乐队。到 1980 年，随着财富与收入的比例恢复到过去的水平，创新浪潮也随之消退。很明显，欧洲的活力并没有（哪怕部分）恢复到两次世界大战间歇期的高水平，当然这还需要更多的证据支持才能让大家信服。

测量活力程度的一个办法就是测算上面提到的动力和制度，即产生活力的投入。另一种办法是测算产出规模：近年来的平均年度创新数量，从国内生产总值增长中去除资本和劳动力增量后的部分，再去除非正常市场环境的影响，以及从其他国家照搬过来的"伪创新"。如果我们能够观察到的话，创新过程所产生的 10 年期平均收入就可以视为其产出规模的粗略测算。或者我们可以将各种类型的旁证汇集起来测算创新的规模，例如新公司的创建速度、员工流动率、20 家最大企业的流动率、零售店的周转率以及产品通用编码的平均使用期限。

一个国家的经济增长率并非测量活力程度的有效指标。全球经济会受到一个或多个活力强大的经济体的驱动，这使某些活力较弱甚至完全没有活力的经济体通常也可以获得与高速前进的现代经济体极为接近的增长率,生产率、实际工资与其他经济指标保持与先进国家类似的高增长。活力不足的国家能保持这样的增速,部分原因是与高活力经济体开展贸易,但更多是因为它们有足够的灵活性来模仿现代经济体应用的原创产品。意大利就是一个很好的例子:1890—1913 年,意大利的单位工时产出保持了与美国同样的增速,一直是比美国低 43% 的水平,在国家排名表(反映生产率和实际工资相对水平的排名表)上既未上升也未下降。但没有哪位经济史学家会认为那时的意大利经济具备很强的活力,更不用说达到美国水平。

活力较弱的经济体甚至可以在一段时期内表现出比高活力的现代经济体更高的增长率,这种短暂的增长率提升可能是由于其自身的经济结构调整,如灵活性的增加或者活力水平在很低的水平上略有提高。但随着这些经济体的相对位置的提升,对现代经济实现了部分"追赶",其增速将回到正常的全球平均水平,高增速会在接近追赶目标时消退。即使有全球最快的增长速度,也不意味着某个经济体就具备很高水平的活力,更不用说最高水平的活力。瑞典就是典型的案例:1890—1913 年,瑞典的生产率增速高居世界第一,新公司如雨后春笋般涌现,其中的几家还成为知名公司,可是瑞典并没有美国或者德国那样高水平的创新活力,在随后的几十年里,瑞典的生产率增速下跌到美国之下,1922 年至今,再没有任何一家新公司进入股票市场前 10 位。日本在 1950—1990 年的高速增长也是一个案例,许多观察家认为日本经济具有很强的活力,但那段时间的高增长并不是日本全国实现高度现代化的反映。日本没有实现转型,而是抓住机遇,引进和模仿了其他现代经济体已有数十年积淀的先进经验。中国自 1978 年后实现的创纪录增长则是最新的案例,在其他国家看来,中国展现出了世界级的活力水平,而中国人却在讨论如何焕发本土创新所需要的活力,因为如果不能做到这一点,高速增长将很难维持下去。

因此,一个国家的活力对促进生产率提高来说并不新鲜。如果世界其他国家极具活力,某个国家自身的活力水平对增长来说并非必要条件,保持足够的灵活性即可。如果国家规模太小，其活力有限，也不能构成增长的充分条件。世界相当多的国家保持活力可实现全球性增长，避免不利情况出现。充满活力的现代经济体是全球经济增长的发动机，这在今天与19世纪是一个道理。

尽管某个经济体的生产率（如单位工时产出）在一个月甚至一年内的增速并不能很好地反映其自身的活力水平，但我们可以考虑把该经济体的生产率与其他经济体的相对水平作为测算指标。的确如此，除极少数案例外，生产率水平达到或接近世界领先水平的经济体都是因为自身有很高的活力水平。然而，某个国家的生产率水平较低既可能反映活力不足，也可能反映灵活性不足，或者两种缺陷并存。所以，生产率的相对水平同样不是反映某个经济体活力的良好指标。

……

大众创新的社会制度

大多数创意都着眼于获得他人的认可，而不仅是出于构思者或企业家的喜好。在任何时点上，都有大量的创业项目在同时开展。现代经济的大部分动力（以及高度复杂性）都源于这是个社会性环境，而非个人生活的孤岛。相互独立的经济参与者的多样性极大地增加了经济学家们所说的不确定性。著名的美国经济学家弗兰克·奈特（Frank Knight）认为，抛投一枚熟悉的硬币代表"已知的风险"，例如其概率通常是一半对一半，而抛投一枚未知的硬币则代表"未知的风险"，这才叫"不确定性"。奈特认为商业生活中充满了这种奈特式的不确定性，并似乎已认识到这种不确定性是现代经济体的标志之一。

企业家的新产品开发项目的结果的不确定性，部分来自微观层面，例如终端客户是否足够喜欢、愿意购买。企业家还会担心，终端客户虽然喜欢自己的新产品，但可能更喜欢其他人开发的另一种新产品。他们不像独自漂流的鲁滨逊，只需要关心自己喜不喜欢即可。其他企业家的项目结果也会对自己的项目产生影响。例如,开发中的新产品能否被接受的微观不确定性会增加经济中产出和收入能否维持的不确定性,从而造成宏观的不确定性,它关系到新产品的终端客户是否有足够的购买能力。因此就像凯恩斯最早发现的那样,现代经济的创新项目的不协调性使未来的发展出现非常不确定的方式和规模,在一定时期之后的未来,基本上会变得不可预知。凯恩斯说,"我们就是不知道"未来的情况。短短一代人的间隔之后,经济面貌对上一代人来说可能变得完全无法想象。

　　对凯恩斯和哈耶克而言,新创意是经济史的推动力,这是他们的思想基石,与托马斯·霍布斯(Thomas Hobbes)或卡尔·马克思的历史决定论形成了鲜明对比。凯恩斯和哈耶克很清楚,新创意是不可预见的(如果可以预见,就不可能是新的),因此对历史发展产生着独立的影响。未来的不可预知性使今天的创意开发的结果更加不确定,所以不可能对现代经济的发展进行任何可靠的预测,就像达尔文的进化论不可能预测进化的路径一样。不过,通过研究"知识增长"和创新的过程,我们可以了解某些真相。失败的创意也并不是毫无价值,至少它们可以指明哪些方向不需要再继续尝试。取得成功的创意(也就是创新)可以激发更多的创新,形成无限的良性循环。原创性是一种可再生能源,将未来推往不可知的方向,产生新的未知和新的错误,从而给原创制造更大的空间。分析具有充分活力的经济所需要的沃土,我们将获益良多。

　　现代经济依靠社会的多样性实现繁荣。一个社会对创新的意愿和能力(也就是其创新倾向或经济活力)显然与潜在创意者的背景、环境和个性的多样性有很大关系。犹太人在 20 世纪 20 年代、黑人在 20 世纪 60 年代加入音乐产业,都是这方面的典型案例。此外,一个社会的活力还取决于金融家的观点的多样性。创意得到的评估机会(遇到可能欣赏它的人)越多,好的创意遭到拒绝的概率就越小。如果让国王一个人挑选值得投资的创新项目,那只能造就色调单一的国家。除其他因素外,经济活力还取决于企业家的多样性,以便从中找到最合拍、最有条件将新创意融入可行的工艺和产品的人。当然，找出终端客户的特性同样重要，如果视所有客户为完全一样的个体，那么找到他们都喜欢的创新简直比登天还难。

如果以上的所有特性都具有重要意义，那我们之前避而不答的问题就已经有了答案：在历史上，激发创造力和远见、推动知识和创新增长的体制只能在私营部门爆发，而非公共部门。在公共部门内部，类似的促进知识和创新的体制能实现良性运转吗？如果投资人、经理人和消费者的特性的确很重要，公共部门的有效创新体制就是不可能实现的。

这套创新制度的成功还取决于内部的相互作用。构思新产品的项目通常要先组建一个有创造力的团队，商业化生产和推广新产品的项目往往需要首先设立一家由若干人组成的公司。任何有团队工作经验的人都明白，团队产生新创意的能力远远超过单独的个人。某些社会评论家认为在家办公的人也可以有很好的职业发展，但他们往往忽略了其他人的观念和问题的冲击带来的价值，尤其是值得我们尊敬和信任的人。有人认为，公司可以让很多员工在各自独立的地点（如家里）开展工作，并不会影响创新，但他们忽略了在饮水机旁或午餐时漫不经心的交流的重要性。

交流还可以增强个人实力。阿姆斯特丹音乐厅管弦乐团的首席圆号乐手曾因为高超技艺受到称颂，他对此的回应是，如果没有与同乐团其他人的交流，我永远也不可能达到那样的水平。无论如何，一个有效运转的团队不但能像古典经济学家所说的那样，通过天赋互补发挥效率，还能像管理学家所说的那样，每位团队成员都能通过共同探索、携手进步、彼此激励提高自己的能力，因此可以获得"超级效率"。这是管理哲学家埃萨·萨里宁（Esa Saarinen）强调的内容。

另外，还有跨越空间和时间的相互作用，社会上的各种创意产生合并和增长。一个人如果经常去了解他所在的社会或今天的全球经济中产生的新思想，他产生新创意的能力也会大幅提高。反之，被隔绝起来的个人或许能在某些时点上突然产生一些创意，但此后就少有了。经济学家兼小说家丹尼尔·笛福（Daniel Defoe）用鲁滨逊的例子告诉我们，如果不能从社会中获取灵感,一个人能产生的思想少得可怜。有人提出,像阿根廷这样的国家要实现最大的繁荣,必须保持农业状态,而非走向城市化,因为其自然优势在于饲养绵羊。但这种论点忽略了农村生活不适合智力进步和广泛交流的现实,而这些因素对创造力的培养至关重要。持各种诉求的人在城市中的广泛参与和巨大融合极大地增强了经济体制的创造力。

选自[美]埃德蒙·菲尔普斯:《大繁荣:大众创新如何带来国家繁荣》,余江译,中信出版社,2013年,第22~43页。

6.《关于深化科技体制改革加快国家创新体系建设的意见》(节选)

为加快推进创新型国家建设,全面落实《国家中长期科学和技术发展规划纲要(2006—2020 年)》(以下简称《科技规划纲要》),充分发挥科技对经济社会发展的支撑引领作用,现就深化科技体制改革、加快国家创新体系建设提出如下意见。

充分认识深化科技体制改革、加快国家创新体系建设的重要性和紧迫性

科学技术是第一生产力,是经济社会发展的重要动力源泉。党和国家历来高度重视科技工作。改革开放30 多年来,我国科技事业快速发展,取得历史性成就。特别是党的十六大以来,中央作出增强自主创新能力、建设创新型国家的重大战略决策,制定实施科技规划纲要,科技投入持续快速增长,激励创新的政策法律不断完善,国家创新体系建设积极推进,取得一批重大科技创新成果,形成一支高素质科技人才队伍,我国整体科技实力和科技竞争力明显提升,在促进经济社会发展和保障国家安全中发挥了重要支撑引领作用。

当前,我国正处在全面建设小康社会的关键时期和深化改革开放、加快转变经济发展方式的攻坚时期。国际金融危机深层次影响仍在持续,科技

在经济社会发展中的作用日益凸显,国际科技竞争与合作不断加强,新科技革命和全球产业变革步伐加快,我国科技发展既面临重要战略机遇,也面临严峻挑战。面对新形势新要求,我国自主创新能力还不够强,科技体制机制与经济社会发展和国际竞争的要求不相适应,突出表现为:企业技术创新主体地位没有真正确立,产学研结合不够紧密,科技与经济结合问题没有从根本上解决,原创性科技成果较少,关键技术自给率较低;一些科技资源配置过度行政化,分散重复封闭低效等问题突出,科技项目及经费管理不尽合理,研发和成果转移转化效率不高;科技评价导向不够合理,科研诚信和创新文化建设薄弱,科技人员的积极性创造性还没有得到充分发挥。这些问题已成为制约科技创新的重要因素,影响我国综合实力和国际竞争力的提升。因此,抓住机遇大幅提升自主创新能力,激发全社会创造活力,真正实现创新驱动发展,迫切需要进一步深化科技体制改革,加快国家创新体系建设。

深化科技体制改革、加快国家创新体系建设的指导思想、主要原则和主要目标

(1)指导思想。高举中国特色社会主义伟大旗帜,以邓小平理论和"三个代表"重要思想为指导,深入贯彻落实科学发展观,大力实施科教兴国战略和人才强国战略,坚持自主创新、重点跨越、支撑发展、引领未来的指导方针,全面落实科技规划纲要,以提高自主创新能力为核心,以促进科技与经济社会发展紧密结合为重点,进一步深化科技体制改革,着力解决制约科技创新的突出问题,充分发挥科技在转变经济发展方式和调整经济结构中的支撑引领作用,加快建设中国特色国家创新体系,为2020年进入创新型国家行列、全面建成小康社会和新中国成立100周年时成为世界科技强国奠定坚实基础。

(2)主要原则。一是坚持创新驱动、服务发展。把科技服务于经济社会发展放在首位,大力提高自主创新能力,发挥科技支撑引领作用,加快实现

创新驱动发展。二是坚持企业主体、协同创新。突出企业技术创新主体作用,强化产学研用紧密结合,促进科技资源开放共享,各类创新主体协同合作,提升国家创新体系整体效能。三是坚持政府支持、市场导向。统筹发挥政府在战略规划、政策法规、标准规范和监督指导等方面的作用与市场在资源配置中的基础性作用,营造良好环境,激发创新活力。注重发挥新型举国体制在实施国家科技重大专项中的作用。四是坚持统筹协调、遵循规律。统筹落实国家中长期科技、教育、人才规划纲要,发挥中央和地方两方面积极性,强化地方在区域创新中的主导地位,按照经济社会和科技发展的内在要求,整体谋划、有序推进科技体制改革。五是坚持改革开放、合作共赢。改革完善科技体制机制,充分利用国际国内科技资源,提高科技发展的科学化水平和国际化程度。

(3)主要目标。到2020年,基本建成适应社会主义市场经济体制、符合科技发展规律的中国特色国家创新体系;原始创新能力明显提高,集成创新、引进消化吸收再创新能力大幅增强,关键领域科学研究实现原创性重大突破,战略性高技术领域技术研发实现跨越式发展,若干领域创新成果进入世界前列;创新环境更加优化,创新效益大幅提高,创新人才竞相涌现,全民科学素质普遍提高,科技支撑引领经济社会发展的能力大幅提升,进入创新型国家行列。

"十二五"时期的主要目标:一是确立企业在技术创新中的主体地位,企业研发投入明显提高,创新能力普遍增强,全社会研发经费占国内生产总值2.2%,大中型工业企业平均研发投入占主营业务收入比例提高到1.5%,行业领军企业逐步实现研发投入占主营业务收入的比例与国际同类先进企业相当,形成更多具有自主知识产权的核心技术,充分发挥大型企业的技术创新骨干作用,培育若干综合竞争力居世界前列的创新型企业和科技型中小企业创新集群。二是推进科研院所和高等学校科研体制机制改革,建立适应不同类型科研活动特点的管理制度和运行机制,提升创新能力和服务水平,在满足经济社会发展需求以及基础研究和前沿技术研发上取得重要突破。加快建设若干一流科研机构,创新能力和研究成果进入世界同类科研机构前列;加快建设一批高水平研究型大学,一批优势学科达到世界一流水平。三是完善国家创新体系,促进技术创新、知识创新、国防科技创新、区域创新,科技中介服务体系协调发展,强化相互支撑和联动,提高整体效能,科技进步贡献率达到55%左右。四是改革科技管理体制,推进科技项目和经费管理改革、科技评价和奖励制度改革,形成激励创新的正确导向,打破行业壁垒和部门分割,实现创新资源合理配置和高效利用。五是完善人才发展机制,激发科技人员积极性创造性,加快高素质创新人才队伍建设,每万名就业人员的研发人力投入达到43人年;提高全民科学素质,我国公民具备基本科学素质的比例超过5%。六是进一步优化创新环境,加强科学道德和创新文化建设,完善保障和推进科技创新的政策措施,扩大科技开放合作。

强化企业技术创新主体地位,促进科技与经济紧密结合

(4)建立企业主导产业技术研发创新的体制机制。加快建立企业为主体、市场为导向、产学研用紧密结合的技术创新体系。充分发挥企业在技术创新决策、研发投入、科研组织和成果转化中的主体作用,吸纳企业参与国家科技项目的决策,产业目标明确的国家重大科技项目由有条件的企业牵头组织实施。引导和支持企业加强技术研发能力建设,"十二五"时期国家重点建设的工程技术类研究中心和实验室,优先在具备条件的行业骨干企业布局。科研院所和高等学校要更多地为企业技术创新提供支持和服务,促进技术、人才等创新要素向企业研发机构流动。支持行业骨干企业与科研院所、高等学校联合组建技术研发平台和产业技术创新战略联盟,合作开展核心关键技术研发和相关基础研究,联合培养人才,共享科研成果。鼓励科研院所和高等学校的科技人员创办科技型企业,促进研发成果转化。

进一步强化和完善政策措施,引导鼓励企业成为技术创新主体。落实企业研发费用税前加计扣除政策,适用范围包括战略性新兴产业、传统产业技术改造和现代服务业等领域的研发活动;改进企业研发费用计核方法,合

理扩大研发费用加计扣除范围,加大企业研发设备加速折旧等政策的落实力度,激励企业加大研发投入。完善高新技术企业认定办法,落实相关优惠政策。建立健全国有企业技术创新的经营业绩考核制度,落实和完善国有企业研发投入的考核措施,加强对不同行业研发投入和产出的分类考核。加大国有资本经营预算对自主创新的支持力度,支持中央企业围绕国家重点研发任务开展技术创新和成果产业化。营造公平竞争的市场环境,大力支持民营企业创新活动。加大对中小企业、微型企业技术创新的财政和金融支持,落实好相关税收优惠政策。扩大科技型中小企业创新基金规模,通过贷款贴息、研发资助等方式支持中小企业技术创新活动。建立政府引导资金和社会资本共同支持初创科技型企业发展的风险投资机制,实施科技型中小企业创业投资引导基金及新兴产业创业投资计划,引导创业投资机构投资科技型中小企业。完善支持中小企业技术创新和向中小企业技术转移的公共服务平台,健全服务功能和服务标准。支持企业职工的技术创新活动。

(5)提高科研院所和高等学校服务经济社会发展的能力。加快科研院所和高等学校科研体制改革和机制创新。按照科研机构分类改革的要求,明确定位,优化布局,稳定规模,提升能力,走内涵式发展道路。公益类科研机构要坚持社会公益服务的方向,探索管办分离,建立适应农业、卫生、气象、海洋、环保、水利、国土资源和公共安全等领域特点的科技创新支撑机制。基础研究类科研机构要瞄准科学前沿问题和国家长远战略需求,完善有利于激发创新活力、提升原始创新能力的运行机制。对从事基础研究、前沿技术研究和社会公益研究的科研机构和学科专业,完善财政投入为主、引导社会参与的持续稳定支持机制。技术开发类科研机构要坚持企业化转制方向,完善现代企业制度,建立市场导向的技术创新机制。

充分发挥国家科研机构的骨干和引领作用。建立健全现代科研院所制度,制定科研院所章程,完善治理结构,进一步落实法人自主权,探索实行由主要利益相关方代表构成的理事会制度。实行固定岗位与流动岗位相结合的用人制度,建立开放、竞争、流动的用人机制。推进实施绩效工资。对科研机构实行周期性评估,根据评估结果调整和确定支持方向和投入力度。引导和鼓励民办科研机构发展,在承担国家科技任务、人才引进等方面加大支持力度,符合条件的民办科研机构享受税收优惠等相关政策。

充分发挥高等学校的基础和生力军作用。落实和扩大高等学校办学自主权。根据经济社会发展需要和学科专业优势,明确各类高等学校定位,突出办学特色,建立以服务需求和提升创新能力为导向的科技评价和科技服务体系。高等学校对学科专业实行动态调整,大力推动与产业需求相结合的人才培养,促进交叉学科发展,全面提高人才培养质量。发挥高等学校学科人才优势,在基础研究和前沿技术领域取得原创性突破。建立与产业、区域经济紧密结合的成果转化机制,鼓励支持高等学校教师转化和推广科研成果。以学科建设和协同创新为重点,提升高等学校创新能力。大力推进科技与教育相结合的改革,促进科研与教学互动、科研与人才培养紧密结合,培育跨学科、跨领域的科研教学团队,增强学生创新精神和创业能力,提升高等学校毕业生就业率。

(6)完善科技支撑战略性新兴产业发展和传统产业升级的机制。建立科技有效支撑产业发展的机制,围绕战略性新兴产业需求部署创新链,突破技术瓶颈,掌握核心关键技术,推动节能环保、新一代信息技术、生物、高端装备制造、新能源、新材料、新能源汽车等产业快速发展,增强市场竞争力,到2015年战略性新兴产业增加值占国内生产总值的比重力争达到8%左右,到2020年力争达到15%左右。以数字化、网络化、智能化为重点,推进工业化和信息化深度融合。充分发挥市场机制对产业发展方向和技术路线选择的基础性作用,通过制定规划、技术标准、市场规范和产业技术政策等进行引导。加大对企业主导的新兴产业链扶持力度,支持创新型骨干企业整合创新资源。加强技术集成、工艺创新和商业模式创新,大力拓展国内外市场。优化布局,防止盲目重复建设,引导战略性新兴产业健康发展。在事关国家安全和重大战略需求领域进一步凝炼重点,明确制约产业发展的关键技术,充分发挥国家重点工程、科技重大专项、科技计划、产业化项目和应用示范工程的引领和带动作用,实现电子信息、能源环保、生物医药、先进制造等领域的核心技术重大突破,促进产业加快发展。加大对中试环节的支持力度,促进从研究开发到产业化的有机衔接。

加强技术创新,推动技术改造,促进传统产业优化升级。围绕品种质量、节能降耗、生态环境、安全生产等重点,完善新技术新工艺新产品的应用推广机制,提升传统产业创新发展能力。针对行业和技术领域特点,整合资源构建共性技术研发基地,在重点产业领域建设技术创新平台。建立健全知识转移和技术扩散机制,加快科技成果转化应用。

(7)完善科技促进农业发展、民生改善和社会管理创新的机制。高度重视农业科技发展,发挥政府在农业科技投入中的主导作用,加大对农业科技的支持力度。打破部门、区域、学科界限,推进农科教、产、学、研紧密结合,有效整合农业相关科技资源。面向产业需求,围绕粮食安全、种业发展、主要农产品供给、生物安全、农林生态保护等重点方向,构建适应高产、优质、高效、生态、安全农业发展要求的技术体系。大力推进农村科技创业,鼓励创办农业科技企业和技术合作组织。强化基层公益性农技推广服务,引导科研教育机构积极开展农技服务,培育和支持新型农业社会化服务组织,进一步完善公益性服务、社会化服务有机结合的农业技术服务体系。

注重发展关系民生的科学技术,加快推进涉及人口健康、食品药品安全、防灾减灾、生态环境和应对气候变化等领域的科技创新,满足保障和改善民生的重大科技需求。加大投入,健全机制,促进公益性民生科技研发和应用推广;加快培育市场主体,完善支持政策,促进民生科技产业发展,使科技创新成果惠及广大人民群众。加强文化科技创新,推进科技与文化融合,提高科技对文化事业和文化产业发展的支撑能力。

加快建设社会管理领域的科技支撑体系。充分运用信息技术等先进手段,建设网络化、广覆盖的公共服务平台。着力推进政府相关部门信息共享、互联互通。建立健全以自主知识产权为核心的互联网信息安全关键技术保障机制,促进信息网络健康发展。

选自《关于深化科技体制改革 加快国家创新体系建设的意见》,人民出版社,2012年,第2~14页。

五

促进平等 增进社会和谐

1. 决胜全面建成小康社会

早在改革开放初期,邓小平就提出中国经济发展到一定程度就需要提出和解决贫富差距问题。他在南方谈话中指出:"走社会主义道路,就是要逐步实现共同富裕。共同富裕的构想是这样提出的:一部分地区有条件先发展起来,一部分地区发展慢点,先发展起来的地区带动后发展的地区,最终达到共同富裕。如果富的愈来愈富,穷的愈来愈穷,两极分化就会产生,而社会主义制度就应该而且能够避免两极分化。解决的办法之一,就是先富起来的地区多交点利税,支持贫困地区的发展。当然,太早这样办也不行,现在不能削弱发达地区的活力,也不能鼓励吃'大锅饭'。什么时候突出地提出和解决这个问题,在什么基础上提出和解决这个问题,要研究。可以设想,在本世纪末达到小康水平的时候,就要突出地提出和解决这个问题。到那个时候,发达地区要继续发展,并通过多交利税和技术转让等方式大力支持不发达地区。不发达地区又大都是拥有丰富资源的地区,发展潜力是很大的。总之,就全国范围来说,我们一定能够逐步顺利解决沿海同内地贫富差距的问题。"①

除了人与人之间的协调问题外,人与自然、人与社会的关系同样是可持续发展的重要内容,即要处理好经济建设和人口、资源、环境的关系。对此,江泽民指出:"在现代化建设中,必须把实现可持续发展作为一个重大战略。

①　《邓小平文选》(第三卷),人民出版社,1993 年,第 372 ~ 378 页。

要把控制人口、节约资源、保护环境放到重要位置,使人口增长与社会生产力的发展相适应,使经济建设与资源、环境相协调,实现良性循环。""随着企业劳动生产率的不断提高,必须妥善处理好提高劳动生产率与安排富余人员的关系,要广开就业门路,不能把矛盾推向社会。要积极发展乡镇企业和小城镇,加强农业综合开发,引导农业剩余劳动力合理转移和有序流动。"此外,"我国耕地、水和矿产等重要资源的人均占有量都比较低。今后随着人口增加和经济发展,对资源总量的需求更多,环境保护的难度更大。必须切实保护资源和环境,不仅要安排好当前的发展,还要为子孙后代着想,决不能吃祖宗饭,断子孙路,走浪费资源和先污染、后治理的路子。要根据我国国情,选择有利于节约资源和保护环境的产业结构和消费方式。坚持资源开发和节约并举,克服各种浪费现象。综合利用资源,加强污染治理"①。

进入新时期,和谐社会建设成为我国经济与社会发展的重要内容,胡锦涛在党的十八大报告中提出经济发展要更加注重社会公平。他指出:"实现发展成果由人民共享,必须深化收入分配制度改革,努力实现居民收入增长和经济发展同步、劳动报酬增长和劳动生产率提高同步,提高居民收入在国民收入分配中的比重,提高劳动报酬在初次分配中的比重。初次分配和再分配都要兼顾效率和公平,再分配更加注重公平。完善劳动、资本、技术、管理等要素按贡献参与分配的初次分配机制,加快健全以税收、社会保障、转移支付为主要手段的再分配调节机制。深化企业和机关事业单位工资制度改革,推行企业工资集体协商制度,保护劳动所得。多渠道增加居民财产性收入。规范收入分配秩序,保护合法收入,增加低收入者收入,调节过高收入,取缔非法收入。"②

2020 年全面建成小康社会是党在新的历史条件下提出的重要战略目标,其中精准扶贫是全面建成小康社会的重要一环。习近平总书记指出:

---

① 《江泽民文选》(第一卷),人民出版社,2006 年,第 460~464 页。

② 胡锦涛:《坚定不移沿着中国特色社会主义道路前进 为全面建成小康社会而奋斗——在中国共产党第十八次全国代表大会上的报告》,人民出版社,2012 年。

"贫穷不是社会主义。如果贫困地区长期贫困，面貌长期得不到改变，群众生活长期得不到明显提高，那就没有体现我国社会主义制度的优越性，那也不是社会主义。"经过长期持续努力，我们成功走出了一条中国特色扶贫开发道路，使七亿多贫困人口成功脱贫，为全面建成小康社会打下了坚实基础。习近平总书记强调："脱贫攻坚战进入决胜的关键阶段，务必一鼓作气、顽强作战，不获全胜决不收兵。"对于"怎么扶"的问题，习近平指出，要按照贫困地区和贫困人口的具体情况，实施"五个一批"工程，"一是发展生产脱贫一批，引导和支持所有有劳动能力的人依靠自己的双手开创美好明天，立足当地资源，实现就地脱贫。二是易地搬迁脱贫一批，贫困人口很难实现就地脱贫的要实施易地搬迁，按规划、分年度、有计划组织实施，确保搬得出、稳得住、能致富。三是生态补偿脱贫一批，加大贫困地区生态保护修复力度，增加重点生态功能区转移支付，扩大政策实施范围，让有劳动能力的贫困人口就地转成护林员等生态保护人员。四是发展教育脱贫一批，治贫先治愚，扶贫先扶智，国家教育经费要继续向贫困地区倾斜、向基础教育倾斜、向职业教育倾斜，帮助贫困地区改善办学条件，对农村贫困家庭幼儿特别是留守儿童给予特殊关爱。五是社会保障兜底一批，对贫困人口中完全或部分丧失劳动能力的人，由社会保障来兜底，统筹协调农村扶贫标准和农村低保标准，加大其他形式的社会救助力度。要加强医疗保险和医疗救助，新型农村合作医疗和大病保险政策要对贫困人口倾斜。要高度重视革命老区脱贫攻坚工作"①。

---

① 《习近平谈治国理政》(第二卷)，外文出版社，2017年，第85页。

2. 阿玛蒂亚·森[*]：

贫穷与富裕

不平等与贫困

判定贫困的主流方法是明确设定一个"贫困线"（poverty line），收入低于此"贫困线"者就可认为是贫困者。现在仍广泛使用的、常规的测量贫穷的方法是：统计低于贫困线的人数，即所谓的"人口计数法"（head count）。"贫困指数"也相应定义为低于贫困线的人数占总人口的比率值。这种方法简洁明了，易于操作，因而被广泛应用在关于贫困与剥夺的实证研究论著中。

这种贫困测量方法包含两个不同——当然又相互联系——的步骤：①对贫困者的识别，②汇总贫困者的特征以得出综合的贫困指数。在传统的"人口计数法"里，对贫困者的识别是通过收入"贫困线"来"一刀切"完成的。这样，第二步就仅仅是统计一下这些贫困者的数量并算出低于贫困线的人口比例即"贫困者人数比率"（head－count ratio，可用 H 表示）即可。该

---

　　* 阿马蒂亚·森（Amartya Sen），印度经济学家，1998 年诺贝尔经济学奖获得者，是自 1969 年首届诺贝尔经济学奖颁发以来获此殊荣的首例第三世界国家公民。他关注饥饿、贫困以及其他发展问题的研究，包括性别分工与不平等等问题。主要代表作有：《集体选择与社会福利》（1970）、《论经济不公平》（1973）和《贫困的水平》（1980）等。

方法的两个步骤都完全是从收入低这个角度来看待剥夺的。

但在汇总的步骤中,仅仅是简单地进行统计,却忽略了这样的事实:人们的收入可能稍微低于贫困线,也可能低出很多,并且收入在贫困者之间的分配本身就可能会不平等(当然也可能平等)。最近的有关贫困的技术性测算中已充分注意到了用 H 来测量贫困程度的重大不足。这里我想先谈一下第二步即"汇总"方法的改进,然后在下一节里分析上面提出的第一个问题,即将"低收入"作为贫困的特征所掩盖的系列问题(该理念对"贫困确认"和"汇总"步骤均有影响)。

实际上,还有一种与"人数比率法"类似的汇总统计方法(在传统的关于贫困的专著里曾出现过,虽然并不常用),这就是所谓的"收入差值"。该方法测量的是一个收入的"拟增加值",即将依贫困线确定的贫困者都提升至贫困线以上(以消除贫困)所需的收入值的最小值。该"差值"可用"人均"的形式表示,即将这个最小增值除以贫困者的人数(通过贫困线来确定)得出的平均值。

需要注意的是,正如"人数比率法"H 在某些程度上对低于贫困线的贫穷者的收入完全不敏感,而只关注低于此线的人数;"收入差距比率"('income – gap ratio',可用 I 表示)则对贫困者的人数并不敏感而只对贫穷者收入的平均差值(与贫困线水平相比)敏感。我们很自然想到这两种方法可取长补短,因为它们各自专注于贫困的不同方面。很明显,有必要将这两个指标(或其他类似指标)结合使用。

可能有人会问:二者的结合使用就能全面描述贫困(姑且仍将贫困理解为收入低)吗?答案为否。因为不论是 H 还是 I 都不会注意到贫困者之间的收入分配状况。比如,将贫困者甲的收入转移到同样处于贫困线之下但不如甲更为贫穷的乙那里,则不论是转移前还是转移后,H 值和 I 值都完全不变。但很明显,这种收入转移后,总贫困程度增加了,因为甲变得更加贫困了,这种剥夺程度的增加并没有因乙的收入的增加(即使乙的收入高出了贫困线)而缓和或抵消。因此,我们还需要一种统计参数来测量贫困者之间的收入不平等。我们姑且设这个参数为 D。

要构建一个有关贫困的测量推导方法(以某个公式的形式出现)——该公式将上述所有三个相互联系但又不同的变量(仍将贫困视为收入低)均包含其中——并不难。这就是将表示贫困的量度 P 设定为 H、I 和 D 的函数。实际上,我本人也曾提出(参见森 1973c 和 I976a),不妨将贫困者之间的收入分配不平等测量量度 D 用基尼系数 G 来表示,这样表示贫困的量度 P 值就取决于 H、I 和 G 值。

实际上,该公式包含了只有 H 值和 I 值的特殊情况,即假定所有贫困者的收入都相同(这时,贫困者之间的不平等问题就不复存在)。在这种特殊的情况下,对贫困的测量值就仅仅是 H 值和 I 值的乘积即 HI。该公式还要求:当贫困者的收入不平等(即一群人比另一群人更为贫穷)时,每个贫困者的收入差数的单位权重是随着他或她的贫困等级的增加而增加的,即,最贫困的人,其权重值最高;反之,"最富的"穷人的权值最低。比如,我们可设定等级数为 n 的"等级序数权重",根据收入差数,我们将"最穷的"穷人的权重值赋为 n,于是我们就得到一个对总贫困程度进行测算的方法,这种测算方法考虑进了收入分配的不平等状况(用基尼系数表示)。

自从法国数学家博尔达(Borda,1781)首先将"序数"方法用于选择分析,"等级序数权重"已被广泛应用于社会选择理论。该分析方法运用了"权重"的思想(及该思想所暗含的"总体位置"方法),显然优于简单的序数信息。博尔达的"权重"思想在应用到不平等测量时还可同基尼系数(测量收入不平等的最常用的量度)联系起来,这十分有趣——当然从应用的角度看又相当有用。

测量贫困及与此相关的可体现分配灵敏度指标的所谓"森贫困指标"已广泛应用在贫困评估中,在这些涉及孟加拉国、印度、伊朗、马来西亚、美国、巴西及其他国家的实证性著作里,都严格而又相当规范地运用了"森贫困指标"。尽管我对从低收入这个角度去探讨贫困的所谓"森贫困指标"和其他指标是否合适表示过怀疑,但不应怀疑这些实证性著作通过运用分配灵敏度来测算不平等所做出的分析方法上和应用上的贡献。

在收入的统计数字比其他类型的数据更容易得到的情况下,以收入域为中心来测算不平等就在所难免。在收入域里,由传统的以"人数比率"(即H)所测量的贫困指标来制定的反贫困政策往往会在实际执行中发生偏离,因为这种方法看不到同是处于贫困线之下的更穷的人的更悲惨的境况。的确,当用"人数比率"来测量贫困时,任何政府都会去关注"最富的"穷人,因为这样一来穷人的数量(及"人数比率"H)很容易降下来。在对贫困的实证性测算里,如果换成分配灵敏度(即表示分配状况的一个量度),则利用收入数据的效果就会相对好些,尽管在收入域的分析框架下仍有诸多限制。

到目前为止,学术界已普遍接受了在不平等测量里引进"分配灵敏度"的指标,其他对分配敏感的贫困测量方法也可见诸一些理论著作里(通过运用表示贫困者之间的不平等量度 D 和其他综合的数学表达式)。这里我不评论这些不同的测量方法的各自长处,也不会去评论源于对贫困进行综合测量的三方面问题(H、I 和 D)的不同表达方式。我觉得,在收入域里测量贫困的主要问题是:有必要对这三个方面都予以关注——特别是与分配灵敏度结合考虑,而不是说仅在很特殊的情况下才考虑结合使用。在当前的研究中,在这个问题上,首要的仍是对运用收入域本身去测量贫困是否合适的疑问。该质疑是针对所有从低收入的角度看待贫困的测量方法的。

贫困的实质

假设有两个人,其中甲的收入略低于乙,但乙因为肾有问题而需购买透析机,这将花去他很多钱。这样乙就陷入了比甲还贫困的境地。于是问题出现了:甲和乙究竟谁更贫困? 是甲吗? 因为他的收入比乙低;抑或是乙? 因为他的"能力集"受到诸多限制。

这个问题听起来像是语言学里的文字游戏。我们可能这样认为:说谁更贫困无关紧要,只要我们严格界定什么是贫困即可。这颇有些哲学上的"唯名论"的嫌疑(不可否认,唯名论确实有相当的影响力),但事实不可否认:在大多数社会里,"贫困"仍是受到关注的主要问题;在提出此类问题时,如何界定贫困就与实际的政策发生了联系,所以,我们的确面临着一个重大的问题。由于"贫困"一词以各种形式广泛使用,而多方使用的结果是限制了对贫困这一概念的本质的认识,所以我们无法完全自由地根据自己的偏好去定义贫困。

贫困问题既有叙述的(descripitive)形式,也有政策的(policy)形式。按第一种形式,在确认贫困时实际上就是承认了剥夺。一些政策建议可能会据此而提出,但这些政策建议只是依叙述性分析的结果而来。第一步就是确定哪些人真正被剥夺了(在该社会里所认可的东西)。在第二种形式里,在某个政策建议下确定了贫困,即主张社会必须采取措施应对贫困。在第二种形式里,贫困只是被视为公共行为领域的一个"焦点",叙述性的分析方法反而成了衍生的。与此相反,在第一种形式里,对贫困的叙述性分析是本而政策结论才是衍生的。

花大量时间来对这两种形式进行取舍并不值得。在其他文章里我主张就采用第一种形式,即叙述性的分析方法。这样,对贫困的"特征阐述"就优先于政策选择。借以消除严重剥夺的公共资源的不可获致性有可能使我们重新回到对贫困本身的定义上来,而强调叙述性的方法就可避免这一点。例如,假如一个国家或社会缺乏消除极端经济困难的措施,那么,他们可能会以此反对这样的政策建议:应通过投入必要资金以应对剥夺问题,但实际上政府拿不出这笔钱。但拿不出钱的事实本身并不能够使我们得出这样的结论:贫困并不存在或根本不严重(如果完全按照政策建议来界定贫困,我们就会得出这样的结论)。

当然,政策建议的分析视角有时也是可行的,但要认识贫困就必须超越政策角度。即,第一步是要判断什么是社会剥夺,以此来决定我们的应对措施(如果我们能拿出措施);然后是按我们的措施去制定社会政策的选择。从这个意义上讲,对贫困的叙述性分析就优先于政策选择。

然而对贫困的叙述性分析该如何进行? 因为这是一个基本的描述的步

骤,我们不应犯这样的错误:贫困分析一定要独立于对其进行贫困评估的社会之外。即使叙述中的"客观性"需求也并不要求社会同一性的假定(有时就是这样预设的)。究竟什么是严重的剥夺会因社会而异,但如果从社会分析的角度看,这些差异恰是客观性研究的内容。诚然,如何精确地进行关于"社会剥夺"的定量判断应该考虑到社会差异,但在判定社会剥夺的基本步骤里对不同的社会究竟如何看待剥夺不应过于关注。否认那种联系并不表明多么客观,只表明多么无知。

当然,社会差异的存在并不妨碍在"究竟什么才是严重剥夺"这个问题上取得一致意见。的确,如果我们关注于某个基本的、一般的生活内容域及相应的能力域,则对它们的重要性就会很容易取得一致;而如果只关注某一特定物品域和实现某些特定的生活内容的话,要取得一致就不那么容易。譬如,不同的文化(及不同的个体之间)对免于饥荒或严重营养不良比足量供应某种食品(如某种具体的肉或鱼或谷物或其他食物)更重要这样的认识更易取得一致。同样,在对娱乐的需要和是否具备参与到社会活动中的能力的重要性这样的问题很容易取得一致,而对娱乐的形式或所属社会生活所要求的能力的实现方式要取得一致就不那么容易。

实际上,这就是为什么从"能力缺失"这个角度去理解贫困要胜于从无法满足某种特定物品的所谓"基本需要"的角度去理解的原因之一。对"基本需求"的专著及相关的对"生活质量"的研究大大有助于我们关注对必需物品和服务的剥夺现象及在人类生活中的重要作用。我们的基本动机应更多地放在取得某种基本的生活内容和取得相应的能力上。只要"基本需求"的分析方法所隐含的逻辑论证方式与赋予人们借以获致某种基本的生活内容项的经济谋生手段联系起来,则个体之间在将物品"转化"相应的生活内容项时的"转化率"差异问题也就可以避开——我们可直接从生活内容域而不是商品域去审视这个问题。

收入不足与低收入

按照前面所讨论的,我们认为应将贫困视为达到某种最低可接受的目标水平的基本能力的缺失。与这种分析相关的生活内容域包括从基本的物质要求(比如幼有良育、足食丰衣、有屋可庇、有病能医等等)到更复杂的社会成就需求(比如参与社会活动、体面地在公众前露面等等)的各种需求层次。这些都是极为"普遍"的生活内容。但如前面曾论述的那样,这些要求以何种方式实现却因不同的社会而异。

这种从能力去看待贫困的方法与①从低效用的角度来审视贫困及②将贫困看作低收入(或者,更一般地,"基本善"或"资源"的较低拥有程度)的方法恰成鲜明对比。前几章的分析已阐明了为什么不能将效用或收入(当然也不是"基本善"或"资源")等同于个体福利。用效用或收入来衡量贫富程度未免失之偏颇——它们并不起决定性作用。特别是,由于贫困概念与经济剥夺的联系显而易见,则将贫困视为低收入的方法还需进一步改进。

可以这样说,贫困并不是个体福利少,而恰恰是缺少追求个体福利的能力(由于经济能力不足)。如果有位富翁腰缠万贯——只要他想要的没有买不到的,从而穷奢极欲,坐吃山空,最后落得悲惨境地,则称他为"穷人"就未免让人迷惑不解。他本来可以生活得很好,过着没有被剥夺的生活,但他却自己给自己不断制造被剥夺的机会,而这一事实并不足以将他列为"穷人"的行列。这种分析问题的方式毕竟与从收入剥夺的角度去看待贫困的分析方法有所不同。

……

贫困基本含义是指最起码的能力的缺失,即使贫困同时也意味着经济谋生手段(免于能力缺失的手段)不足。举个例子,如果一个人新陈代谢速度过快或体形大或有寄生性疾病需消耗大量营养,与没有这些不利条件的人相比,即使是同样收入水平他也未必能满足最低营养需求。虽然是收入相同,但如果说他比后者更贫困,其理由恐怕就在于他的能力缺失值(我们的关注点)更大一些。在既定的个人禀赋和特定环境下,上述系列事实可表示为收入的更大不足。收入不足并不是指收入水平低于外设的"贫困线",而是指收入水平不足以使他实现特定的能力水平。

在收入域里,贫困的相应概念就是实现最起码的能力的收入不足(inadequacy),而不是与个体特征无关的收入低(lowness)。漠视个体禀赋特征的"贫困线"往往遮蔽了我们对贫困背后的关注所在,即:由于经济谋生手段不足而造成的能力失效。要理解这点,通常要在与阶级、性别、职业群体、雇佣地位等相联系的群体(每个个体都会归到相应的群体里)里理解。如果我们选择在收入域里表示贫困,则所必需的收入就与最起码的能力要求(这才是因)相联系。

这个问题与下面的事实相联系:贫困分析的首要关注点是可实现某种生活内容的能力。前面讨论过的例子还是能说明这个问题的:甲有经济能力却出于信仰而实行斋戒,而乙却由于缺乏经济能力而面临饥饿。虽然两人都可能最终面临饥饿,都营养不良,但没有经济能力(从而也没有得到足够营养的能力)的乙确是贫困的,而实行斋戒的甲则不然。所以,对贫困分析的焦点应是能力而不是成就(即使我们有时会用成就信息去推测他所拥有的能力)。

所有这些都与自由和"资源"之间的差异密切相关。对自由来说,"资源"很重要,收入对免于贫困也很关键。但如果我们的最终关注点是自由,在人际相异性的情况下,我们就不会把"资源"看作是自由本身。同样,如果我们的最终关注点是由于缺少经济收入而造成的某种最起码的能力的缺失,我们就不能把贫困简单地等同于低收入而不顾个体间在收入和能力之间的转化率的不同。判断某个收入水平是否充足正是从能力的角度出发的。

选自[印度]阿玛蒂亚·森:《论经济不平等:不平等之再考察》,王利文、于占杰译,社会科学文献出版社,2006年,第313~319页。

3. 阿瑟·奥肯[*]:

在一个有效的经济体中增进平等

如果平等和效率双方都有价值,而且其中一方对另一方没有绝对的优先权,那么在它们冲突的方面就应该达成妥协。这时,为了效率就要牺牲某些平等,并且为了平等就要牺牲某些效率。然而,作为更多地获得另一方的必要手段,(或者是获得某些其他有价值的社会成果的可能性)无论哪一方的牺牲都必须是公正的。尤其是,那些允许经济不平等的社会决策,必须是公正的,是促进经济效率的。这种主张并非首创,然而它是重要的,而且显然存在着争议。对所有因察觉到某些不利于刺激的影响而反对累进税的人来说,效率本身就是标准。在那个对任何短缺都提供同一公式的经济学家的裁决中,平等是无足轻重的,那个公式即:在没有政府干预的条件下让价格任意上升。在另一极端,所有把高利润作为公共行为的基本背景的人,肯定是仅仅根据平等做出判断。

……

严格地说,政治活动过程有助于形成这样的妥协。真正的问题通常在

---

　　* 阿瑟·奥肯(Arthur M. Okun,1928—1980),美国经济学家、耶鲁大学经济学教授,长期以来致力于宏观经济理论及经济预测的研究,并且从事于政策的制订及分析。他的著作甚多,但大多是研究报告,在美国经济学界有相当的影响。他在理论上的主要贡献是分析了平等与效率的替换关系,提出了"奥肯定理"。主要代表作有:《平等与效率:重大的抉择》《繁荣政治经济学》等。

于程度。国家以什么代价用平等来交换效率？任何一个通过了基础经济学课程的人，都可以滔滔不绝地说出正确的公式化原则，增进平等达到这样一点：更多的平等所增加的好处正相当于更大的非效率所增加的代价。一如那些在基础课里反复讲授过的原则，这条原则提供了洞察力，但很难适用于现实世界。大多数对平等和效率两方面进行再分配的措施，其后果是不确定和有争议的。面对一项税收或福利平均化的提议，没有一个立法人或投票人可以确定这个项目能增加多少平等或减少多少效率。因此在现实世界里，决策者没有机会在这两个互相竞争的对象之间实实在在地测试他们的优先权。然而一本书的作者却可以构造出一个假设的世界来自圆其说。所以我也能提出一个实验，你可以用它测试自己对这个抉择的态度。

漏桶实验

首先，考虑一下组成收入分配最底层的百分之二十的美国家庭。他们1974年的税后收入少于7000美元，平均水平约为5000美元。再来考虑一下在收入金字塔顶部百分之五的家庭，他们的税后收入在28000美元以上，平均水平约4500美元。有一项提案建议对富裕家庭的收入征收平均为4000美元的附加税（约百分之九），为的是资助低收入家庭。[①] 我选出来的低收入阶层家庭四倍于富裕阶层，原则上，应该平均给每个低收入家庭1000美元的财政资助。然而，这项方案有一个无法解决的技术难题：这些钱必须通过一个漏桶从富人那儿传送给穷人。在转交过程中，一部分钱将会不翼而飞，所以穷人不会全部收到取自富人的钱。在平均每个富人家庭拿出4000美元的同时，平均每个穷人家庭收到的不足1000美元。

我现在先不衡量这种漏出，因为我要你来决定，你会接受多大的漏出量并仍然支持这个"税收转移平均化提案"。假设漏出百分之十，那就平均剩

---

① 由于这里描述了再分配，税收的武断决定正好低于分配顶层的百分之五，正如转移支付正好高于底层百分之二十的结果一样，这暗示出不平等的"峡谷"。任何现实世界的提议都会把这些抹平，并决定了税收负担和转移支付获益的适当比例。

下 900 美元给每个穷人家庭,而不是可能的 1000 美元。社会还应该制造这个转换器吗? 如果漏出百分之五十呢? 百分之七十五甚至于百分之九十九呢? 穷人仅仅得到一点点好处;每户穷人家庭仅从富人家庭拿出的 4000 美元中得到 10 美元。你把界限划在哪儿? 你的回答不会比你喜欢哪一种味道的冰激凌的回答更正确或更错误。

当然,这种漏出代表一种非效率。现实世界中再分配的非效率包括对富人和穷人的经济刺激的相反作用及以税收和转移计划的行政管理成本。再分配的反对者也许会非难我的实验削弱了刺激作用的动力。他也许坚决主张,今天的任何平等化的成功都是昙花一现,而却导致对工作和投资刺激的相反影响长期上升,甚至最终对穷人也是有害的。他也许坚持说,漏出的正是灌溉下一棵庄稼所需要的水。另外,任何一个认为市场决定收入,是对贡献的合乎道德及理想的奖励的人都会反对这种转换器,而不管漏出的规模有多大。

另一方面,只要全部东西仍留在桶里,一些人就会坚持金钱从富人流向穷人的转换。这便是约翰·罗尔斯(1971)的差别原则的含义,它主张:"所有社会价值……都将被均等地分配,但针对每个人的优势而进行的各种不均等分配除外"——特别是,针对劣势阶层中典型人物的利益进行的分配。

罗尔斯有一个清晰干脆的回答:把优先权交给平等。密尔顿·弗里德曼也有一个清晰干脆并且是一贯的回答:把优先权交给效率。我的回答很少是清晰干脆的,况且,在这种意识形态争论中,那正是我常遇到的一个麻烦。在这里,就像在别的地方一样,我妥协了。我不能接受罗尔斯的平等主义的差别原则。这等于假设一群意见一致的人们处于"原始状态",当他们创建社会规则时,并不知道自己未来的收入将处于金字塔的什么部位。正如其他经济学家已经指明的,这一差别原则只会吸引那些不愿承担任何风险的人。这一观点的意思就是,任何一种不平等都不能忍受,除非它提高了社会的最低收入。按照这个"最大化"的标准,最低收入家庭每失去 1 美元,社会就变得更糟糕一些,而无论其他个人的社会所得如何。假如一位社会法规的设计者,只倾向于一个能保证每年每个家庭有 14000 美元的社会——不多也不少——而不倾向于一个使百分之九十九的家庭有 20000 美元,百分之一的家庭有 13000 美元的社会,他倒是会拥抱这个差别原则。然而我当然不能指望美国人民会按这种"原始状态"的方式来行事。

如果我处于罗尔斯的原始状态,我会争辩说,社会的法规不应寻求永久固定不平等的精确比重。它应该指导社会大大地增加平等的比重,但是当出现特定的争议时,它应该依靠自己所建立的民主的政治活动来选择合理的比重。

与弗里德曼不同,如果漏出量是百分之十或二十的话,我会十分热心地打开实验漏桶的开关。与罗尔斯也不同,我会在漏出量达百分之九十九之前就停下来。由于我感到有责任参加那场由我发起的远距离赛跑,我愿意告诉大家,在这个特定的例子中,漏出量达到百分之六十我就停止。

也许像我一样,你的回答处在百分之一至百分之九十九之间的某一点上,这个确定的数字大概反映了一种判断:穷人需要多少额外的收入,而富人能被额外的税收挤出多少钱来。如果拟议的课税对象只是一小部分最富有的年收入超过 100 万美元的美国家庭,你很可能会在漏出量相当大的情况下支持平等化。实际上,有些人希望能从超级富豪那儿拿走钱,哪怕这些钱没有一美分到达穷人手中。而这种劲头十足的再分配者不一定就是中庸的或激进的。一些人认为这样的征税可能有助于约束胡佛(Hugheses)和葛泰斯(Gettys)之流的政治权力及社会权力——对这种论点,在第一章(指《平等与效率:重大的抉择》的第一章——编者注)中已阐述过我的怀疑主义观点。其他人把它看作一种象征性的环境计划;他们觉得这些超级富豪的别墅、游艇以及飞机玷污了我们的土地、河流和天空。还有其他一些人坦率地表示出妒忌。出于这些原因中的任何一种,许多人甚至会比约翰·罗尔斯走得更远。

现在我要把这只漏桶带上最后一段旅程,尽力决定对不同收入水平的态度。假设有两个家庭集团,一个税后收入是 10000 美元,另一个是 18000

美元——1974 年国内的中位数字是 14000 美元。假设建议提高这 18000 美元收入集团的税收，并减少 10000 美元收入家庭现在所付的税额以援助后者，你能同意多少漏出量并仍然支持这种转移？处在这个等级上的家庭彼此还有相当大的差距：10000 美元以上的家庭仅约占八分之三，同时 18000 美元的家庭有五分之四处于最高收入。我认为这种再分配有一定价值，但我的热情有限，百分之十五的漏出量就会使我停下。

不知为什么，似乎每一个人都渐渐表现出一种观念，即剥夺和贫困起始于收入的大小。在经济学家和几乎是外行的人中间，谈论最多的关于剥夺的客观起点，是美国家庭平均收入的一半。如果平均数取自中数，那 1974 年就差不多是 7000 美元（中位数的一半是 6000 美元）。对许多改革者来说，填满这个鸿沟比在这水平之上缩小不平等要重要得多。这种态度对政策有十分重大的意义。加大原有的税收转移混合物可以基本上解除低于平均收入水平一半的家庭的贫困，我在后面将要讨论这种情况。但它们对 10000 美元和 18000 美元这个差别的作用是有限的，为了明显地缩小这种差别就需要可作挑选的药方。特别是，社会需要为更多的人找到出路，通过选择某些包含不同提议的组合方案，如扩大正规教育、增加职业和人力培训项目，补贴雇主以提升工人等级或引导缩小高工资与低工资职业类别的差距等等，使他们登上从公平职业向好职业发展的阶梯。这些问题引起我的极大兴趣。然而因为收入体系中的最底端恰是我优先权清单中的最上端，所以我的注意力将主要集中在税收转移的选择上。

注满漏桶——所得税

由于漏出，桶中有所损失。然而只要用合理的方式灌注，它仍能在漏出的部分达到被剥夺者手中时保持盈满。

已经有几代人实行过的累进所得税是再分配竞赛场上的中心竞赛。在《共产党宣言》十点激进的纲领中，马克思和恩格斯把它放在第二位——仅次于废除土地私有制。到了 1913 年，这一手段在这个自由企业的堡垒中通过宪法修正案而成为法律。它不仅受到热心的改革者支持,而且也受到一些"半路集团"(middle of the road groups)支持,他们把它看作是分担诸如军队、联邦法院以及立法委员会等公共利益开支的公平而又合理的方式。有关公平承担联邦预算费用,需使税收增长率超过收入增长率的争论,牵涉到负税能力及社会保护好处的种种概念。

然而在上一代,联邦预算的构成中发生的一场革命,为累进税制而摈弃了那些反对再分配的(non redistributive)陈腐之见(或许可以说是已经揭穿了其谬误性)。通过对货物和服务的购买,由美国政府提供的公共利益占预算的比例已从 1955 财政年度的百分之六十五缩减到 1975 财政年度的百分之三十七。同时,给个人(包括诸如老龄人补贴、医疗援助和保健以及福利等项目)的转移性支付,在 20 年前仅占预算比例的百分之二十八,而现在却已剧增:已超过 1975 财政年度政府对货物和服务的购买量,今后还会继续超出。

事实上,转移性超出是负税——政府出钱来资助公民私人的开支,它们使政府完全变成了重新组合收入的企业。在那种企业中,政府正在援助处于苦难中的特殊阶层,而不是在市场上为填平鸿沟而提供一般性服务。随着联邦总税收中转移性支付开销大于公共利益性开销,关于岁入结构不可能再出现诸如社会应如何分摊公共利益费用的问题。

与此相应的问题必须予以重申:对重新组合收入作出决策,负税和正税应如何分配? 政府应该使收入平等达到什么程度? 如何使之达到? 税收政策应该公正地作为这一决策的一部分来对待。与大多数有关税收的经典著作不同,亨利·西蒙斯下了一个精彩的论断:不平等是"丑恶的",累进税是减少不平等的一种方式。

而事实上,税收转移的重新组合减少了多少不平等? 大部分再分配是通过转移性支付起作用的。州和地方税实际上是累退的——从穷人那儿拿走更多的收入,比例上超过了从富人那儿所拿走的。联邦税基本上是按收入规模对处于下层的百分之九十五的家庭按比例征收;在那里,累进所得税被资助社会保障的累退的货物税和工资税拉平。然而,对处于顶层的百分之五的家庭,个人和公司所得税赢得了比赛,使联邦税的结构明显地变成累进。当按税法广泛地把各种优惠项目也计入税前收入的时候,联邦个人所得税在 1972 年总共达到所有美国人平均收入水平的百分之十一,它们是税前收入在 50000 美元以上家庭收入的百分之二十七,这些家庭大约相当于所有美国家庭中处于顶层的百分之一。

　　尽管在相反方面有一些臭名昭著的事例,富豪和超级富豪确实按比例付了比一般美国人更多的税。1972 年,收入在 50000 美元以上的处于顶层的集团付了 220 亿美元的联邦个人所得税,其累进部分(超过了国家平均百分之十一的税率)达 130 亿美元——比联邦用于医疗援助、福利、食品券以及公共住宅等方面的全部费用还多,来自个人所得税累进部分的收获并非是微不足道的。

　　然而既使是针对超级富豪收入中额外美元的有效税率,也低于法定税收等级中百分之七十这个最高税率的一半,部分原因是许多种类的财产收入被允许脱逸出税收基数。税收改革者们,如我的同事布鲁津斯研究所的约瑟夫·帕齐曼(Joseph Pechman)已经有了可以选择的一揽子计划,能通过扩大税收基数的办法,使每年征自最高等级个人和公司的所得税从 100 亿美元上升到 200 亿美元。这些方案的主要引人之处,就是长期资本收益待遇上的两个变化。第一是增加了已包括在税收基数中的资本收益部分。按照现行规定,纳税人在计算其应纳税收入时仅加上了这类收益的一半。提议中的改革将减少甚至消除这种折扣。第二条规定将制止以遗产或赠礼的方式逃避资本收益税。资本收益税仅仅在这种收益是通过一次出售而获得时才征收;按现行法律,遗产或赠礼的转移不被当作一种收益所得,但在改革后的规定中就会被认为是一种收益所得。

　　毫无疑问,第一条规定——单独实行——会鼓励人们保留他们赢得的较大成果,而不是出售它们并付税。那会是一种漏出量。然而第二条会消除人们为豪华生活而保留资本收益兑现时刺激,因为当豪华生活结束时,税收也就能最终逃避了。消除这样的扭曲会增进效率。

实现这些方案是限制加速折旧,消除超成本损耗,制止发行免税市政债券的一些较小的手段。改革者们也渴望扩大联邦遗产税。名义上联邦遗产税对遗产超过1000美元的部分有百分之七十七的税率,看上去好像是财富长期平等化的一种有力机制。但是它的漏洞大得足够驶过 J. P. 摩根的游艇。这最大的漏洞是得到许可的一代又一代被忽略的托拉斯,据此,老祖宗可以给子孙留下丰裕的遗产,并保证得到遗产的子孙在他们那一代巧妙地逃避税收。

一项税制改革方案,可以在下列情况下产生出或多或少的增加岁入的贮备基金——不改动诸如投资税收信用的、在效率方面有合理性理论基础的规定,也不改动诸如对中等收入和最高收入纳税人好处相同的家庭户主税收优先权规定;不增加所有工资收入的税收;不搞任何法定税率的逐步升级。我对这种扩大基数的方案会有大的漏出量——譬如高于百分之十或二十——表示极为怀疑。它们不增加对工作努力的威胁,它们可以在实际上减少社会对各种漏洞的徒劳无益的寻找。它们可以用效率方面的代价为迈向平等提供资金。然而必须认识到,如果国家储蓄和投资总量停留在原来的指标上,这额外的岁入就不能1美元对1美元地转换成穷人的额外购买力。也许,对富豪增加的税收一半以上来自储蓄,而这部分税收,在繁荣时期肯定会被产生于联邦预算剩余的更多的储蓄所抵消,或被产生于受到特别刺激的中等阶级的更多储蓄所抵消。

选自[美]阿瑟·奥肯:《平等与效率:重大的抉择》,王奔洲译,华夏出版社,1987年,第80~93页。

4.约瑟夫·斯蒂格利茨:

另一种世界是可能的

一种真正的经济改革议程将同时增加经济效率、公平、产出和机会。大多数美国人都会从中受益,唯一受损失的也许是那1%群体中的一些人——比如那些收入依赖于寻租的人和那些与他们过从甚密的人。改革密切按照我们的诊断进行:我们在社会上层、中层和底层都存在问题。简单的解决方案是不够的。我们识别出造成美国当前高度不平等和机会不足的多重因素。尽管经济学家经常争论每一种因素的相对重要性,但我们解释了为什么解决这一问题是一项几乎不可能完成的任务。此外,机会的不平等在美国已经达到了我们不得不采取一切手段来解决的程度。虽然不平等的有些原因或许大大超出了我们的掌控,另外一些原因我们也只能通过长期努力逐步改善,但是仍有一些原因我们是可以立刻处理的。我们需要发起一场全面的攻势,其中的一些关键要素接下来我将逐一列出。

遏制上层群体的过度行为

尽管我们的经济体系中扭曲和颠倒的现象普遍存在,但下面七项改革会让情况大有不同。

约束金融界。由于大量增加的不平等都是与金融界的过度行为有关的,因此很自然金融界就应该成为改革项目的起点。《多德——弗兰克法案》的通过是一个开端,但只是一个开端,还有以下六项进一步的改革亟待落实。

(1)遏制过度冒险和那些大而不倒和相互间过从甚密而不败的金融机构,它们是一种致命的组合,造成了过去30年里政府对金融机构的屡次救助。限制举债经营和流动性是关键所在,因为不知何故银行总认为通过举债经营就能像变魔术似的创造出资源。实际上那做不到。它们所创造的只是风险和波动。

(2)使银行行为变得更加透明,尤其是在它们处理场外金融衍生品交易时,这类行为应该受到更严格的限制并且不应该由受政府保险的金融机构承保。不应该把纳税人卷进对这些风险性产品的支持,不管我们认为这些产品是保险还是赌博工具,或者如沃伦·巴菲特所说的"金融大规模杀伤武器"。

(3)使银行和信用卡发行公司更具有竞争性并确保它们以竞争的方式行事。虽然我们有技术能力创造出21世纪所需的一种有效率的电子支付机制,但我们现有的银行体系却仍执意维持一种不仅剥削消费者而且盘剥商家的信用卡和借记卡制度。

(4)使银行难以从事掠夺性贷款和滥发信用卡的行为,包括对高利贷(过高的利率)施加更严格的限制。

(5)遏制那些鼓励过度冒险和短视行为的奖金。

(6)关闭那些境外银行业务中心(以及它们的境内对应机构),它们一直成功地规避管制、逃税和避税。开曼群岛之所以汇集了这么多金融业,并不是因为它本身或其气候适宜银行业。原因只有一个:规避管制和税收。

这些改革许多是相互关联的:一个更具竞争性的银行体系是不太可能从事滥用行为的,也是不太可能在寻租方面成功的。约束金融界不是件容易事,因为那些银行太善于规避了。即使银行规模受到限制(也是件够困难的事),它们仍会相互间订立契约(比如金融衍生品),那将确保它们相互间过从甚密而不会失败。

更严厉更有效地执行竞争法规。尽管美国法律和管理准则的每一方面对于效率和公平都是重要的,但关于竞争、公司治理和破产等方面的法律尤为重要。

垄断和不完全竞争市场是租金的一个主要来源。银行业不是唯一一个竞争不够的行业。纵览经济中的各个行业,就会令人惊讶地发现居然有这么多行业是由最多两家、三家或者四家公司主导的。人们曾经一度认为那样是说得过去的——在与技术变革相关联的动态竞争中,一家占主导地位的公司会取代另一家公司,是为了占据市场而竞争,并不是在市场上竞争。然而现在我们知道那种理解是不充分的。占主导地位的公司拥有压制竞争的工具,并且它们甚至还经常压制创新。它们索取的更高价格不但扭曲了经济而且还如同征收了一种税,但是这种税收收入并没有用于公共事业而是丰富了垄断企业的腰包。

改善公司治理——尤其是限制 CEO 把大量企业资源转入自己口袋的权力。公司高管被赋予了太大的权力,他们的所谓智慧也被赋予了过多的敬意。我们已经看到了他们是如何利用权力把如此多的公司资源据为己有。赋予股东对高管工资有发言权的法律会使情况有所不同;同样,让股东清楚知道给了高管多少钱的会计制度也会使情况发生改变。

全面改革破产法——从对金融衍生品的处理到贬值的住宅再到助学贷款,破产法提供了另一个例子,显示了决定市场如何运作的基本游戏规则对于分配和效率都有强烈影响。就像在其他许多领域一样,这些规则越来越有利于上层群体。

虽然每一笔贷款都是介于自愿借款人和自愿贷款人之间的一种契约,但其中一方应该比另一方更加了解市场;双方存在着巨大的信息和谈判能力的不对称。相应的,当出现问题时,应该是贷款人承担主要后果,而不是借款人。

使破产法变得对借款人更有利,那将为银行提供一种激励,使其在贷款时更为谨慎。那样我们也就会减少信贷泡沫和深陷债务的美国人。我们前面讨论过,不良贷款最典型的例子之一就是助学贷款计划,并且这种不良贷款一直受到债务不可撤销性的鼓励。

简言之,不平衡的破产法增强了金融界的膨胀、经济的不稳定和不平等以及对穷人和缺乏金融知识的人的剥削。

终止政府的慷慨给予——无论是对公共资产的处置还是在政府采购方面,前面四项改革关注的是限制上层群体的权力,包括限制金融界在私人交易中剥削消费者、借款人、股东以及其他人。然而,大量的寻租采取的是剥削纳税人的形式。这种剥削采取了多种不同的伪装,有一些可以简单表述为给予,另一些采取的是公司福利的形式。

政府对大公司的给予是形式多样并且数额巨大的——从药品采购方面无须讨价还价的规定到国防方面与哈利伯顿公司签订的成本加利润的合同,到设计不佳的石油开采权拍卖,到给予广播电视的波段,再到低于市场专利使用费的矿产资源。这些给予纯属一种转移——从普通民众转移到大公司和有钱人;然而在一个预算吃紧的时代,这些给予还不仅仅是一种转移,因为它们造成了对高收益公共投资的支出的减少。

终止公司福利——包括隐性补贴。政府过于频繁地把它宝贵的钱通过公司福利的形式给了大公司,而不是给了那些需要帮助的人。很多补贴都隐藏在税法中。尽管所有的漏洞、例外、免除和优惠都减少了税收制度的累进制并扭曲了激励,但是公司福利尤其如此。那些自己不能成功的公司就应该关门歇业;它们的工人也许需要帮助才能转移到另外一种工作,但那是完全不同于公司福利的另一码事。

大部分公司福利都根本不是透明的——也许因为一旦公民们真正得知他们给予了公司多少便利,就会反对这样做了。公司福利除了嵌入在税法之中还嵌入在廉价信贷和政府贷款保证之中。公司福利最危险的形式就是对行业所造成的损失限制责任——不管是对核电厂的有限责任还是对石油业造成的环境破坏。

不用为自己的行为承担全部成本是一种隐性补贴,因此所有那些(比如)对他人施加了环境成本的行业都得到了补贴。正如本节所探讨的其他许多改革,终止公司福利的改革会产生三重收益:经济更有效率;上层群体的过度行为减少;经济中其他群体的福利得到改善。

法律改革——民主化司法程序并减少打官司。法律体系滋生出以社会其他成员为代价的大量租金。我们的体系并不是能让所有人都得到正义。我们的体系充满官司,谁最有钱谁就最有斗争优势并取得胜利。若要详细解释我们法律体系的改革,就会超出这本书的篇幅——那恐怕需要另外写一本大部头的书。

这里只说一句就够了:所需要的改革非常不同于右翼人士所主张的那种诉讼改革,内容要广泛得多。遵从保守的改革议程就会像辩护律师所正确指出的那样,将使普通美国人得不到保护。然而其他一些国家已经发展出问责和保护制度——玩忽职守的医生会被问责,受到伤害(不管是因为医生玩忽职守还是因为自己运气不好)的患者会得到适当补偿。

税制改革

上述七项改革每一种都会产生双重回报:经济效率提高,平等程度提高。然而即使我们那样做了,仍会存在大量不平等;为了提供用于公共投资和其他公共需要的收入、为了帮助穷人和中产阶级、为了确保人口的各个组成部分都能享有机会,我们必须实施累进税,并且最重要的是,在消除漏洞方面做得更好。我们已经看到,在最近几十年里,我们一直在创造一种不那么累进的税收制度。

创造一种累进的收入税和公司税制度——减少漏洞。我们的税收制度虽然名义上是累进制的,但实际上远没有看上去那么累进。正如前面我们指出的,这种税制充斥着漏洞、例外、免除和优惠。一种公平的税制对投机者征的税起码要与对靠工作赚取收入的人征的税一样多,它应确保上层群体所纳的税占其收入的比例至少要与较低收入者的一样大。公司税制度也应该改革,一方面消除漏洞,同时也鼓励创造更多的就业和投资。

与右翼人士的说法相反,我们可以有一种效率更高的税收制度,实际上也是更累进的税收制度。前面我引述的其他人的研究表明,在响应储蓄和劳动力供应的基础上,对上层群体的税率应该大大超过50%,甚至超过70%似乎也说得过去。这些研究尚未充分考虑在多大程度上非常高的收入是来自于租金的。

创造一种更有效的并且能有效执行的房地产税收制度,避免新寡头统治的形成。恢复一种有意义的房产税将有助于避免一种新的美国式的寡头或财阀统治的形成,也因此有助于消除对资本收益的优惠待遇。其不利影响将是非常小的:大多数积累了这些大量地产的人要么是得益于运气,要么是动用了垄断力量或者是受到非金钱激励的鼓舞。

帮助普通民众

我们可以根据结果来评判我们的制度,但如果我们这么做的话,我们不得不给它一个不及格的分数:不久之前,美国社会中底层民众还能感受美国梦,但时至今日,对大多数美国民众而言,美国梦已经不复存在了。

此前所阐述的那些改革不仅能约束上层群体而且能帮助普通民众。比如,终止一些滥用行为和垄断行为本身就会增加普通民众的实际福利——他们将为信用卡、电话、电脑、健康保险以及其他产品支付更少的费用。

我想,几种额外的行动能极大改善那99%群体的处境。这些行动有些是需要资源的,但有些改革会产生政府所需要的收入。

提高受教育机会。能否受教育比其他任何事物都更能决定一个人的机遇,这方面我们一直遵循的方向(根据收入划分的住宅社区、对高等教育财政支持的急剧减少——由此而引起的公立大学学费的急剧增加以及对工程学和其他高需求——高成本领域有用的地点的限制)也是可以被逆转的,但那将需要整个国家的一致努力。怎样才能提高受教育机会尤其是提高公共教育的质量,这个问题也足够另外写一本书了。

但有一件事可以很快就做:那些营利性学校(无论是由政府贷款资助

的,还是由政府担保贷款资助的或者是由私人贷款资助的)由于给学生套上了债务不可撤销的枷锁,不但没能为学生提供更多的机会,而且实际上成为拖累那些贫穷但有进取心的美国人的主要原因。好工作越来越少,但债务负担却越来越重。我们没有理由允许这种掠夺行为继续下去,更没有理由允许这种行为得到公共财政的支持。公共财政应该用以扩大对州立和非营利高等教育体系的支持,并提供奖学金以确保穷人有机会受教育。

帮助普通美国人省钱。上层群体和底层群体的财富变化都受到政府政策的影响。我们讲述了税收制度是如何通过一系列激励手段帮助富人积累财富并传给后人的,穷人则得不到这种帮助。政府帮助穷人省钱的激励(比如,一笔配套资助或者资助首次购房者的计划扩大),随着时间的推移会有助于创造一个更为公平的社会——更多的安全与机会、更多的国家财富转向社会中底层群体。

面向所有人的医疗保健。妨碍人们实现经济抱负的两个最重要因素就是失业和生病,若二者同时发生,则构成了一种致命组合,还经常伴随着破产。美国工人的医保传统上一直是由雇主提供的。这种无效率并且陈旧的制度很大程度上造成了美国是发达工业化国家中整体医保体系最无效率、表现最差的国家。美国医保体系的问题不是出在支出太多,而是出在:第一,花的钱没有体现出价值;第二,太多人还没享受到医保。奥巴马总统启动的医保改革部分上是针对第二类问题的,尽管来自最高法院的质询加上公共支持的削减也许会削弱这些改革的效果。但是这种医保改革对于提高效率作用甚小(至少在短期是这样)。我们的高成本部分上是保险公司和制药业的寻租造成的。其他国家已经遏制了这些租金,美国还没有。其他没有美国富裕的国家已经设法提供了全民普遍医保。大多数国家把看病就医视为一项基本人权。但是即便不从这种原则性视角看待这个问题,我们未能提供全民医保这一点也增加了我们医保体系的无效率。一拖再拖,最后我们虽为那些迫切需要的人提供了一些医保,但那多半发生在急诊室里,而且由于拖延治疗经常导致成本大幅增加。

医保覆盖面不足严重增加了不平等,这种不平等继而又削弱了我们的经济表现。

加强其他社会保障项目。这场经济危机显示出我们的失业保险体系是多么严重不足。我们不应该必须每隔几个月,当对延长失业保险的财政支持即将结束时就来一场主要的政治斗争,让失业者被挟持。新的现实是,鉴于2008年经济衰退的程度以及美国经济正在经历的结构转型的幅度,在可预见的未来美国将存在大量的长期失业人口。

政府项目(比如劳动所得税收减免、医疗补助、食品券以及社会保障)在减少贫困方面已经被证明非常有效。在这些项目上的更多支出可以进一步减少贫困。

选自[美]约瑟夫·E. 斯蒂格利茨:《不平等的代价》,张子源译,机械工业出版社,2013年,第243~249页。

5. 托马斯·皮凯蒂[*]:

劳动与资本收入的不平等及其解决

2008 年金融危机和国家的回归

从 2007—2008 年开始的全球金融危机被普遍视为是自 1929 年以来最严重的资本主义危机。这样的比较从某些角度看是合理的,但这次危机和当年的"大萧条"还是存在本质区别。最为明显的区别就是,本次危机并未引发像 20 世纪 30 年代那样毁灭性的萧条和恐慌。1929—1935 年,发达国家的生产下降了 1/4,失业率上升了差不多 25%,直到第二次世界大战爆发前夕,整个世界还没完全从危机中复苏过来。幸运的是,2008 年这场危机远不如当初"大萧条"那样将世界引向灾难,因此这场危机的名字也要温和些:大衰退。诚然,主要发达经济体在 2013 年并未恢复到 2007 年的产出水平,政府财务状况依然风雨飘摇,在可预见的未来增长前景也一片暗淡,特别是在欧洲——主权债务危机让欧洲泥足深陷(这本身就极其讽刺,因为欧洲恰好是全世界资本/收入比最高的洲)。但即便是在深深的经济衰退之中,全球最富庶国家的生产萎缩也都在 5% 以内,尽管这已经是自二战以来最严重

---

[*] 托马斯·皮凯蒂(Thomas Piketty),法国著名经济学家、巴黎经济学院教授、法国社会科学高等研究院研究主任,主要研究财富与收入不平等。他在《21 世纪资本论》(2014)一书中认为市场不是万能的,市场经济会拉大贫富差距,特别是资本与劳动之间的收入差距,必须通过制度优化财富分配。

的危机,但与30年代那种产出水平骤降和大规模企业倒闭相比仍然不可同日而语。另外,新兴国家的增速迅速反弹,支撑了当今世界经济的发展。

　　2008年危机并未触发"大萧条"式灾难的一个重要原因是,现今发达国家的政府和中央银行都采取了应对措施,阻止了金融系统的崩溃,同时也创造了必要的流动性来避免银行机构的倒闭,而"大萧条"时的银行倒闭潮曾让世界走到崩溃边缘。这种实用主义的货币政策和财政政策与1929年危机时所盛行的"清算学派"理论完全相反,正是这样的实用主义措施避免了最糟糕情况的发生。(1929年,当时的美国总统赫伯特·胡佛就认为所有陷入困境的企业都应被"清算",这样的"清算"倒闭潮直到1933年富兰克林·罗斯福接替他继任美国总统后才告一段落。)这次应对危机的实用主义措施也使得人们意识到,中央银行的存在并不仅仅是坐在那里盯着通胀,当金融恐慌来袭之时,中央银行将扮演不可或缺的最后贷款人的角色——的确,只有中央银行才有能力在危机时刻阻止经济乃至社会的彻底崩盘。当然有人会说,中央银行无法解决这个世界的全部问题。尽管2008年危机之后所采取的实用主义措施有效避免了最坏情况的发生,这些措施并未能真正解决酿造危机的结构性问题,包括金融透明度的极度缺乏以及贫富差距的扩大。2008年的危机是在21世纪爆发的首场全球承袭制资本主义危机,但这绝不会是最后一场。

　　许多观察人士都在叹息说,危机之后经济管理领域并无真正的"国家回归"。他们指出,尽管"大萧条"本身十分可怕,但"大萧条"之后至少引发了剧烈的税收政策和政府支出的变化。确实如此,罗斯福在就任美国总统之后的几年内,就把联邦所得税的最高边际税率从胡佛时代的25%提高到了80%以上。与此形成对比的是,到本书成稿时为止,华盛顿人士还在疑惑,究竟奥巴马总统是否会在其第二任期内将布什时代留下的最高税率(约为35%)提高到克林顿时代的水平(约为40%)。

　　诚然,良好的经济和社会政策并不仅仅是对超高收入实行高额所得税。从本质上说,这样的税制不会有特别的好处。资本累进税相比收入累进税是应对21世纪挑战更适当的工具,而后者是为20世纪设计的工具(尽管这两种工具可在未来相互补充)。但现在,必须要破除任何的误解。

如果加大政府对经济活动的干预,那么这会产生完全不同于20世纪30年代时的问题,原因很简单:现在的政府影响力要远远超过当时,可以说政府影响力在许多方面都是空前的。这就是为何如今的危机不仅是对市场缺陷的控诉,也是对政府作用的挑战。诚然,政府的作用自20世纪70年代以来就一直在接受各种挑战,这些挑战也不会终止:既然政府在二战后的几十年内形成了对经济和社会生活的核心作用,那么人们问责政府就合情合理。某些人可能会认为这样做不公平,但其实这是不可避免的自然现象。某些人则对政府新职能存在抗拒甚至强烈抵制,尤其是当立场不同而引发不可调和的冲突时。某些人极力主张政府应扮演更大的角色,说得好像是现在的政府并未发挥任何作用,而另外的人则呼吁政府立刻解散,尤其是在政府作用最受限的美国。在美国,"茶党"(Tea Party)及相关团体呼吁解散美联储并回归金本位制。在欧洲,"懒惰希腊人"和"纳粹德国人"的相互指责之声不断。当然这些极端主张都无助于解决实际问题。"反市场"和"反政府"各有其理由:野蛮生长的金融资本主义确实需要新的工具加以控制;与此同时,作为现代社会国家核心的财税和转移支付体系又变得过于复杂而难以让公众理解,这反过来又损害了这些体系的社会和经济效用。

这个双面任务看上去难以完成,这是我们的民主社会要在未来几年面对的巨人挑战。但现在也确实难以说服公众,让他们认为现有的治理机构(尤其是跨国机构)需要新的工具,除非已有的工具能够发挥作用。

现代再分配:权利的逻辑

现代财富再分配并不涉及将收入从富人转移至穷人处,至少不是那么直接。这种再分配是通过公共服务和替代收入来实现社会的公平,至少在医疗、教育和养老领域。从养老上说,一般替代收入和毕生工资收入会保持均衡的比例,以此来体现平等原则。在教育医疗上,则不论其收入水平(或家长收入水平)如何,人人都可享受真正的平等,至少从原则上是如此。现代再分配是基于权利的逻辑,以及人人都可获得基本公共服务的平等原则。

在相对抽象的层面,在不同的国家政治和哲学传统中也可以找到这种基于权利方法的解释。美国的《独立宣言》(1776 年)宣称人人生而平等并有追求幸福的权利。从某种意义上说,我们对教育和医疗等基本权利的信仰正是源于这样的思想传统,尽管实现这样的权利还是经过了漫长的过程。《人权宣言》(1789 年)的第一条就是,"在权利方面,人人与生俱来而且始终自由与平等",但紧接着又声明,"非基于公共福祉不得建立社会差异"。这是非常重要的限定,第二句就是对真实存在的不平等的妥协,尽管第一句声明了绝对公平的原则。的确如此,这是任何"基于权利的方法"的核心困境:平等权利的边界在哪里?难道平等权利仅仅意味着对自由达成契约的保障,即市场的平等?在法国大革命时期这样的思想看上去颇具革命性。但如果将平等权利延伸到教育、医疗和养老,正如 20 世纪的社会国家所做的,那么是否应该将文化、住房以及旅游等权利也慢慢囊括在内呢?

1789 年《人权宣言》第一条的第二句话实际上是对这样的问题给出了答案,因为这在某种意义上说是撤销了举证责任:平等是常态,但基于"社会福祉"的不平等也可接受。当然"社会福祉"的定义有待推敲。当时《人权宣言》的起草者主要考虑的是要消除"旧制度"下的秩序和特权,这些在当时看来就是独断专横又毫无益处的不平等,因此与"社会福祉"显然格格不入。当然也完全可对这句话进行更加宽泛的理解。其中一个合理的解读就是,如果社会不公平是有利于全体公众特别是有利于最弱势的社会群体,那么这样的社会不平等是可以接受的。因此必须要将基本权利和物质福利尽可能覆盖每一个人,因为这最有利于那些权利最小和机会最少的弱势群体。美国哲学家约翰·罗尔斯在《正义论》(*Theory of Justice*)中所提出的"差别原则"也有类似的意图。而印度经济学家阿马蒂亚·森所提出的"能力建设"方法在基本逻辑上也与此有相近之处。

在纯粹理论的层面,确实有某种(部分是虚构的)对社会公正抽象原则的共同认知。但如果要赋予这种社会权利和不平等以实质内容或要将其置于具体的历史和经济背景下,那么就会开始出现争议。在实践中,这些争论主要是关于如何才能最有效地改善最弱势群体的生活条件,如何才能清晰界定人人都应享有的基本权利(在经济和预算限制下以及诸多不确定条件下)以及到底有哪些因素是受个人控制的、哪些是不受个人控制的(运气算到哪里为止、从哪里开始要靠努力和奋斗)? 这些问题永远无法用抽象原则或数学公式来回答。寻求这些问题答案的唯一方法就是通过民主商讨和政治协商。因此主导民主讨论和决策的制度以及机制在此就要发挥中心作用,各个社会团体的相对实力和说服技巧也会影响整个过程。美国和法国的革命都确认了平等权是绝对原则——这在当时无疑是有进步的,但在实践中,在 19 世纪,脱胎于革命的政治体系的重点却都放在了保护产权上。

落后国家和新兴国家的社会制度

20 世纪发达国家出现的社会制度是否具有普世性呢? 在贫穷国家和新兴国家是否也会出现类似的社会制度呢? 答案只有天知道。首先,发达国家之间本身就存在着重要的区别:西欧国家的政府收入似乎稳定在国民收入 40% ~ 45% 的水平,而美国和日本则徘徊在 30% ~ 35% 的水平。显然,即便是在相同的发展阶段,各国也可以有自己的选择。

如果看 1970—1980 年全球最欠发达国家的情况,无论是在撒哈拉以南非洲地区还是在南亚地区(尤其是印度),我们都会发现政府拿走的部分一般占国民收入的 10% ~ 15% 。如果看处于中等收入水平的拉美、北非和中国,那么政府拿走的部分大概是国民收入的 15% ~ 20% ,低于发达国家过去同等条件下的水平。最惊人的发现是,发达国家和发展中国家在这方面的差距近年来还在扩大。发达国家税收收入水平出现了上升(从 20 世纪 70 年代的 30% ~ 35% 上升到 80 年代的 35% ~ 40%),随后就稳定在今天的水平上,但贫穷国家和中等收入国家的税收收入水平却出现了大幅下降。在撒哈拉以南非洲地区和南亚地区,20 世纪 70 年代和 80 年代初的税收略低于国民收入的15%,但在90年代下降到了略高于10%的水平。

这种变化也引发了发展差距拉大的担忧,因为如今所有发达国家的经验表明,构建现代财政和社会国家是现代化和经济发展进程的核心组成部分。历史数据表明,如果某国家只有10%～15%的国民收入作为税收上缴,那么该国政府很难履行除传统"王权"职能之外的社会化职能:在供养警察和司法队伍后,留给教育和医疗的就所剩无几了。另外一种选择就是吃大锅饭,把有限的资金尽可能均分给警察、法官、教师和医生,这样做的结果就是可能所有部门都无法有效运转。这会导致恶性循环:公共服务水平低下导致对政府信心不足,这又反过来使得增税难度加大。现代财税体系和社会国家的建设与国家发展进程息息相关。因此经济发展史往往也是政治和文化发展史,每个国家都必须找到适合自身发展的路径并妥善应对自身的内部矛盾。

按现有情况来看,发达国家和国际组织似乎也要承担部分责任。初始状态并不是很好。去殖民化过程在1950—1970年间酿成了若干冲突:与殖民者对抗的独立战争、边界武装冲突、冷战引发的军事对峙,或兼而有之。1980年以后,源自发达国家的极端自由主义浪潮迫使贫穷国家缩减公共部门开支并放缓了现代财税体系建设来推动经济发展的步伐。最近的研究表明,1980—1990年间最贫穷国家的政府税收减少归因于关税收入的锐减,而关税在70年代时曾相当于这些国家国民收入的5%。贸易自由主义并不是坏事,但自由贸易不能是外界强加的,此外对于损失的关税收入,最好也有强大的税务部门可以通过开征新税或寻找替代收入来加以弥补。发达国家的关税减让过程从19到20世纪延续了200年时间,其间发达国家也知道该如何控制节奏并知道从哪里寻求替代,它们没有受到其他国家的颐指气使和指手画脚。这说明了更加普遍的现象:发达国家总是将发展中国家当成试验场,而根本没有充分汲取他们国家自身历史发展中的教训。我们今天在贫穷国家和新兴国家看到了各种各样的趋势。例如中国等国家在税制方面其实已经相当发达:比如中国的所得税制可以覆盖广大人群并借此实现了大量的财政收入。中国完全有可能建立起跟欧洲、美洲以及亚洲发达国家类似的社会制度(当然会具备中国特色,不过鉴于中国的政治和人口因素,该过程也会充满不确定性)。而像印度等国家要想在低税基的基础上达到均衡水平则要困难许多。但无论如何,发展中国家究竟发展什么形态的社会制度将对未来世界有着不可低估的重要意义。

选自[法]托马斯·皮凯蒂:《21 世纪资本论》,巴曙松等译,中信出版社,2014 年,第 486~489 页、第 493~495 页、第 505~506 页。

6. 安格斯·迪顿[*]：

逃离不平等，我们能做些什么?

　　我们之所以要开展援助方面的努力，或许是因为觉得应当为此做些什么，又或许是有一种道德责任感在提醒我们，必须为此做些事情。但是，这种援助驱动力恐怕恰恰是错误的，并且提出这样的问题本身就是错误的一部分，而绝非提供解决方案的开端。为什么我们必须有所作为? 是谁将我们摆到了这样的位置? 对于穷人的需要及期待，以及他们的社会是如何运行，我们拥有的常常仅是极为贫乏的理解，这导致我们所做的努力都是以我为主，简单轻率，对受援者造成的伤害往往大于对其的帮助。只要我们行动，就几乎一定会出现负面的意外后果。而即便出现了失败，我们也会固守己见坚持不改：因为这是"我们"的援助产业，我们有大量的职业人口依靠这个产业生存，而援助更能为我们的政治家带来名望与选票，如果不把援助进行下去，以上所有的事业都会陷入危险之中。总而言之，我们必须有所作为。

　　但贫穷国家真正应该做的是那些已经在富裕国家被证明有效的事情。

---

　　* 安格斯·迪顿(Angus Stewart Deaton)，英国经济学家、剑桥大学教授，2015 年诺贝尔经济学奖获得者。他之前主要从事对收入、储蓄、价格等微观经济现象进行计量分析的研究，后来主要集中在贫困、影响健康的决定因素、福祉等方面的研究。主要代表作有：《经济学与消费者行为》《伟大的印度贫困辩论》和《逃离不平等：健康、财富和不平等的起源》等。

这些已经富强起来的国家,以其各自的方式,在各自的时代背景与独有的政治与经济结构之下实现了发展。没有任何人给过它们援助,也没有任何人为它们出钱让它们去推行维护出资人利益的政策。我们现在需要做的,是保证没有挡住这些贫穷国家发展的道路。我们需要让贫穷国家自我发展,不予干预,或者说得更明确一点,我们不要再做那些阻碍它们发展的事情了。走出贫困的先行者已经告诉后来者,实现摆脱贫困的大逃亡不但是可能的,而且也有相应的方法。即便是在不同的社会条件下,这些逃离贫困的方法很多(即便不是全部)也是可行的。

与初衷极为矛盾的援助就是我们所做的阻碍贫穷国家发展的事情之一。在撒哈拉以南的非洲国家以及其他一些国家,国外的援助规模巨大,这不但破坏了当地的体制制度,也熄灭了它们的长期繁荣之火。为了建立反共或者反恐联盟,很多的对外援助被用来维系当地的榨取型政客或政治制度的统治。这样带附加条件的援助只是为了实现我们自己的利益,而让贫穷国家的普通人遭到剥削和伤害。我们对此视而不见,并假装是在帮助他们,令他们更加雪上加霜。来自外国的大量援助,足以瓦解腐蚀那些本可能对人民有益的政治家和政治制度。

所以现在需要做的就是不要再问我们应该做什么,同时需要帮助那些富裕国家的公民认识到援助可能有益,但也可能造成伤害。不考虑援助资金是在作恶还是行善就规定将我们国内生产总值的 1% 或者 0.75% 用于对外援助是极其荒谬的。正是这种盲目的目标设定导致了国家纷争与生灵涂炭,大使们不得不去谈判协调促使战争停火,而援助管理者的职业内容,也从帮助别人发展变成了为别人抚平创伤。

……

援助的支持者经常会对一些反对意见做出让步,但却辩称,虽然在过去援助没有收到效果,有时候甚至产生负面影响,但在未来将可以甚至一定能做得更好。他们坚信,援助可以变得更有智慧,更为有效,而且援助的实施可以避开以前的种种陷阱。在过去,这样的说法也经常会进入我的耳朵,这就像一个酒鬼老对我说，"再喝一杯，以后就再也不喝了"。这些说法本身实际上并没有排除援助之外的其他能够提供帮助的可行方法，就像要戒除酒瘾，除了依靠自觉之外，还有很多有效的方法。

认为援助需要更有智慧的另一个原因是，即使我们认为没有了世界银行或者英国国际发展署世界会变得更美好，或者认为最好的援助就是没有援助，但现实却是援助不可能在短时间内消失。世界上不存在一个全球性的权威机构可以关闭所有的国际或国家援助机构，也不能把大量的非政府组织关停。既然如此，如何让援助富有智慧？

经济学家、联合国顾问杰弗里·萨克斯长期坚持认为，问题不在援助太多，而是太少。萨克斯推崇我所说的液压流动式的援助方式，即先找出现实中需要解决的各类问题，比如农业问题、基建问题、教育问题以及健康问题，然后算出每个问题的解决需要多少钱，最后进行合计。以此方式最后得出的总额，要比现如今援助的真实数额高出很多倍。如果萨克斯的方法是正确的，则做成一件事，所有相关的问题也必须都马上解决，而解决的方式就是我们几十年前的所谓"大推动"方法。而如果想要解决全部问题，援助的规模就必须扩大。但是，历史显示，现今这些进入富裕行列的国家并没有依靠任何形式的大推动，更不需要从外部而来的大推动。同样，也没有证据显示，以萨克斯思想为指导，联合国所推行的千禧村项目就比同国家其他的村庄发展得更好。为液压流动式的援助所忽略的就是我所说的：这样的援助资金会瓦解当地的政治体制，使得当地的发展更为艰难，而这就是问题的核心所在。仅依靠一张家居建材超市的购物清单，哪怕花再多的钱，也不可能从一个国家的外部给这个国家的人民帮上什么忙。

······

一种办法是让受援国的政府承诺会在未来实行普惠大众的德政，然后再让这些国家成为援助的候选者。这便是通常所说的遴选机制，我们也可以将其视为限制条款的一种。美国千年挑战公司的运行机制与此类似。受援国家需要先展现其善意，然后援助者才会提供合作机会，然后一起朝着共同的目标努力。遴选机制会让那些维系压迫统治的国家政府拿不到援助，但是如果一个被选中的政权在受到援助后还是偏离了正义的轨道（援助本身经常会导致这种事情发生），那么我们就又回到了是不是要停止援助的两难之中。

遴选机制的致命弱点是它会将很多最为需要援助的国家排除在外——比如那些当政者完全漠视民众福利的国家。对于视提供援助为道德责任的人而言，对这些人提供援助是最为紧要的。在那些民众有强烈援助责任感的国家（美国不在此列），民众的压力使得援助机构几乎没有可能忽略那些生活在德政失败的国家中的人们。在有德政的国家，贫困问题完全可以依靠本地力量解决，而几乎无须外部援助；在无德政的国家，外部援助则可能会让事情变得更坏。通过非政府组织提供援助也不是一个好的解决方案，因为当地的政权照样可以像盘剥当地人民一样将这些非政府组织榨干。

另外一种办法来自全球发展中心（CGD）。该中心是位于华盛顿的一家智库，掌握着关于经济发展的大量信息，同时在援助改进方面有着丰富的资源。全球发展中心的主席南希·伯索尔以及健康经济学家威廉·萨维多夫提出了一种他们称为"货到付款"的援助方法。按照这种方法，援助者和受援助国家会首先制定一系列双方都认可的目标，比如在一个给定的时间之内为80%的儿童接种疫苗，或者在5年之内将婴儿出生死亡率降低2%，或者实现干净水源的提供等，等到这些目标都实现之时，援助者再拨付援助资金。不过这一方法的支持者已经察觉到，货到付款式的援助会使得穷国业已脆弱的评估系统更加雪上加霜，同时也可能会刺激受援国在各项目标数字上作假。并且，很多的目标并非全然能为受援国政府所控制，比如恶劣的气候会影响分娩，突发流行病会增加婴儿的死亡率等。如果不考虑这些因素照常给予援助，那么援助本身的激励作用就打了折扣，而如果援助者缺乏弹性不对各种意外酌情考量，受援国的政府就可能不会为了一项自己本身支付不起而做了又可能得不到补偿的政策去冒险。

货到付款式的援助也不能解决我们熟知的那种有德政权与无德政权之

间的进退两难。那些发展态势良好的国家,根本就不需要我们鼓励去从事一些它们不想干的事情。如果我们的优先目标与它们的优先目标一致,那么就无须我们给予援助;而如果双方之间的优先目标不一致,则把我们所认定的优先事项强加到它们头上是不道德的。想想我之前举的那个例子:瑞士援助机构会资助美国政府,前提是美国要取消死刑以及将同性婚姻合法化。这种强加就是不道德的。而对于那些榨取型和压迫型的政府而言,用钱收买它们或许会有作用——它们会像盘剥自己的民众那样,很高兴地从我们身上榨取资源。只要能拿到援助,它们乐见自己的百姓被伤害。这种与恶魔打交道的事情本来也可以忍受,但现实情况是援助机构为了能够被允许为这些国家提供人道主义援助,还要为它们提供武器,即援助资金被用来武装那些过去杀过人未来还要杀人的暴徒,而只有这样援助机构才能有机会去帮助这些人的家人。这就是卢旺达种族大屠杀之后在戈马所发生的真实事情。

大规模的援助不能产生效果是因为它们不可能有效果,而那些想要对此进行改革的人,一直在围绕着同样的基本问题一遍又一遍打转。桥修起来了,学校也建起来了,药物和疫苗拯救了很多人的生命,但是负面作用却始终存在。

当援助资金减少时,以非洲国家为主的部分国家的表现最为引人注目。在这些国家,对外援助占据了它们国民收入的大部分,同时几乎相当于其政府支出的全部额度。援助国的国民加强对援助问题的重视是极为重要的,那种认为给予金钱就能消灭贫困的观点看起来逻辑清楚,事实上是明显错误的。援助之所以会造成如此大的伤害,主要是因为援助错觉的存在,而援助国内部的政治压力,也使得对援助制度的改革变得非常艰难。那些具有奉献精神与道德情操的援助国民众实际上是让受援国那些本就陷入困境的人们雪上加霜。这是援助所造成的一大悲剧。

也有一些例子能说明援助是有益处的,或者至少能证明援助是利弊两平衡。健康方面的援助就是这样一个例子,而这样的例子在其他的领域也存在。例如,在一些政府表现较好的国家,援助只占其经济总额的一小部分;还有一些地方的政府,突破各种困难与障碍最终没有变成外来援助的俘虏,把这些援助用在了当地的合理发展目标之上。

……

援助不见得非要提供贷款,提供建议也是一种形式。对于世界银行而言,现有的结构导致它很难提供除了贷款以外的实质性技术援助,而贷款实质上只是为援助出钱。因此,贫穷国家对于技术知识的渴求,单靠世界银行很难满足。尽管随机对照试验并不是一种能正确认识事物运行原理的方法,也不能简单将以此得到的结论复制使用,但是那种认为世界银行的援助项目应该提供丰富而有价值的实践真知的观点则是正确的。一个政府想修建一座大坝或者考虑将供水系统私有化,就会想要知道那些走过类似道路的政府的经验与教训——不仅仅是最终大致的效果,也包括在这一过程中会遇到的困难,谁会因项目受益谁会受损,以及应该注意哪些问题等。当然,世界银行和其他援助机构的经验也并非总是可靠,很多事件都证明它们非常自大无知。

国际组织亦可以通过国际谈判,尤其是贸易协议的方式来增加穷国的国力。美国和其他的富裕国家会同贫穷国家展开双边贸易谈判,但是由于这些国家缺乏代理律师或专家,这类谈判往往不是建立在一个公平的基础上。世界银行则可以帮助这些国家找到相关的专业人士。当然,这也并非易事。例如,如果世界银行的建议会给美国制药业所认可的某些意向造成实质性的阻碍,美国政府则几乎肯定会对世界银行董事会的执行董事施加压力。不难理解,若想让世界银行最大的股东——美国容忍其相关政策和决定,世界银行就不能动真格地去帮助穷人。虽然这听起来太过愤世嫉俗,但全球贫困问题之所以迟迟难以解决,其中很多就是因为存在这样的障碍。

援助并非发展的唯一障碍。对于富裕世界的国家而言,只要有人付钱,它们就十分乐意为其提供武器装备。我们也总是很急切地要与那些明显对发展民众福祉毫无兴趣的政权结识,开展贸易,甚至借贷给它们。在这方面也已经有不少的应对建议。比如经济学家迈克尔·克雷默和希玛·贾雅昌卓安就呼吁对那些"恶"政权进行国际贷款方面的制裁。一旦某个政权被认定是恶的,则那些为这个恶政权提供贷款的组织或机构将无法通过国际法庭向其继承政权追讨欠款。这样的措施会切断对恶政权的贷款,或至少让贷款流向恶政权的难度更大、成本更高,国际社会也会降低从这类政权国家购买石油或者其他大宗商品的意愿,即便还是要从这些国家购买相关产品,在何时购买以及什么前提下购买方面也会变得更为透明。在美国,最新的金融改革已经要求石油、天然气、采矿业上市公司必须公开其与各国政府之间的交易记录。当然,在这一方面我们仍需要进行全面的协调,很多没有签署相关协议的国家仍旧会从这些恶政权手中购买大宗商品以供自用,或进行再出口。

富裕国家的贸易限制常常会伤害穷国农民的利益。在非洲,农业活动吸收了将近 3/4 的就业人口,但与此同时,富裕国家每年要花费数千亿美元来补贴自己的农民。以糖和棉花为例,富裕国家对本国生产者的补贴压低了这两种商品的全球价格,同时也让穷困国家的农民失去了以此谋生的机会,富裕国家自己的消费者也因此利益受损。这种情况的存在,证实了组织严密的少数人的确在用政治权力对抗大众的利益。如果穷国是食品等农业产品的纯进口国,那么富裕国家的补贴措施降低了食品的全球价格水平,将可以使得穷人受益。但美国的生物燃料补贴却因为消耗了大量的农产品以及其他资源,因此对穷人有害。如果国际社会能够联合行动起来限制或者消除此类有害的补贴政策,则必将有助于消除全球贫困。

移民对减贫的影响远远超过了国际贸易。成功从穷国移民到富国的人生活得以改善,而他们寄回祖国的钱即海外汇款也可以帮助自己的家人提高生活水平。海外汇款的作用和援助所起到的作用大不相同,它可以让人们对政府提出更多的要求,从而有可能改善当地的各项治理情况而非产生破坏作用。但与自由贸易的问题相比,移民的问题更加棘手,即便在那些扶助外来人口呼声最为强烈的国家也是如此。为外来人口尤其是非洲籍的本科生或者研究生提供奖学金,以便让他们可以在西方短期停留,不失为一种有益的方法。如果运气好,这些学生不需要依靠援助机构或者国内政权就能找到一条新的发展道路。即便今后不会返回祖国,这些离散各地的非洲人也是一种丰富的资源,可以为其祖国的项目发展提供帮助。

援助不能降低全球贫困,但以上种种策略却有此效果。在某些情况下,富裕国家只需要以极少的代价甚至零代价来实施这些策略,其中的某些策略要比另外一些在政治上更为灵活可行,而诸如预先市场承诺这样的措施已经开始在小范围内实行。所有的这些策略都不会像流向穷国的援助那样产生无数的后续问题。当普林斯顿的学生们过来对我说要把这个世界变成一个更美好更富饶的地方时,我总愿意这样劝告他们——不要想着把自己未来收入的多少捐出去,也不要老想着雄辩地劝服别人增加对外援助,而要去影响自己的政府或者自己去政府工作,让这些政府不再施行伤害穷人的政策。我们要支持各项国际政策,以使全球化更有利于穷人,而不是对穷人造成伤害。在我看来,要帮助那些仍未挣脱贫困的穷人实现大逃亡,这将是最好的方法。

选自[美]安格斯·迪顿:《逃离不平等:健康、财富及不平等的起源》,崔传刚译,中信出版社,2014年,第265~275页。

7. 中国扶贫议程的演进

中国的扶贫和发展的成就令人称羡

在过去 25 年里,中国的扶贫工作取得的进展令人称羡。这个拥有 13 亿人口的大国在如此短暂的时间里所取得的成就不得不让人叹服。众多指标都表明,该领域的进展十分显著。从收入和消费的角度来衡量,贫困率均大幅度下降。在实现人类发展指标方面取得的成就也十分巨大。对于新千年发展目标而言,中国大多数都已达到,或者成绩斐然。由于这些已经取得的进步,与 20 世纪 80 年代初的改革初期相比,中国现已步入了一个完全不同的发展阶段。

按照中国的官方贫困标准计算,中国农村的贫困率(人口数量比例)从 1981 年的 18.5% 下降到了 2004 年的 2.8% ,农村贫困人口的数量从 1.52 亿下降到 2600 万。按照世界银行的贫困标准(按 2003 年农村价格计算,平均每人每年 888 元人民币)计算,中国的扶贫成就则更为显著。从 1981 年到 2004 年,在这个贫困线以下的人口所占的比例从 65% 下降到 10% ,贫困人口的绝对数量从 6.52 亿降至 1.35 亿,5 亿多人摆脱了贫困。在如此短的时间里使得如此多的人摆脱了贫困,对于全人类来说这是史无前例的。在这段时间内,全部发展中国家贫困人口的绝对数量从 15 亿减少到了 11 亿(世界银行,2005b)。换句话说,如果没有中国的扶贫努力,在 20 世纪的最后 20 年,发展中国家贫困人口数量不会有所减少。

按照国际上平均每人每天 1.25 美元的新贫困标准(按中国 2005 年的购买力平价)计算,中国的贫困水平会高一些,但是自 1981 年以来,贫困的下降幅度依然显著(从 1981 年的 85% 下降到 2004 年的 27%)。

然而扶贫重任仍将继续,在某些方面,任务还更加艰巨

根据最近的官方估计,2007 年中国的农村贫困人口为 1479 万,不到农村人口的 2%(国家统计局,2008)。虽然没有一个官方的城市贫困线,但有关方面利用与中国官方农村贫困线可比的城市贫困线做出的估计表明,城市贫困水平是微不足道的。这些估计认为,中国只有大约 1% 的人口目前处于极度贫困状态。换句话说,极度贫困——无法满足最基本的衣食需要——在中国基本上已经消除。

尽管中国的扶贫成就巨大,但扶贫重任在许多方面尚未完成,甚至在某些方面将变得更加艰巨。原因包括:

(1)按照国际上划定和计算贫困人口数量的标准,中国的贫困人口依然庞大。由于中国庞大的人口基数,按照国际标准计算得出的中国消费贫困人口数在国际上仍排名第二,仅次于印度。最新的 2005 年直接问卷调查数据显示,中国仍然有 2.54 亿人口每天的花费少于 1.25 美元(按 2005 年美元购买力平价)。这样的中国贫困人口数量与中国官方估计的农村 1500 万贫困人口看似不一致,这主要是因为中国官方贫困线标准(2007 年为人均每年 785 元,或者说,按照 2005 年国际购买力平价计算相当于平均每天 57 美分)偏低造成的。

(2)易受收入变化波动影响的贫困脆弱性人口还比较普遍。例如,按照世界银行的贫困线计算,在 2001 年至 2004 年这 3 年间,中国农村有大约 1/3 的人口曾经至少有一次陷入消费贫困状态,这一数字是当年贫困人口的 2 倍。在农村,70% 的严重收入贫困以及 40% 的严重消费贫困是由于各种风险造成的。对于持续性贫困人口而言,风险的存在会加剧他们的贫困程度。

(3)在按区域、地势和民族划分的贫困人口中,风险对贫困的影响程度

随着贫困程度的降低而增加。这就意味着随着扶贫的进一步推进,中国面临的最大挑战将更多地是处理暂时性贫困现象。相对高比例的暂时性贫困并不意味着贫困的严重性会降低,或者相对容易解决,而是意味着,相对于以长期贫困为主要贫困形式的时期而言,社会政策需要更多地关注风险降低和风险管理。

(4)同样,随着贫困率的下降,地理上的分散将导致消除剩余贫困人口变得更加困难。西部省份在贫困的发生率及严重程度上居全国前列,但仍有近一半的贫困人口分布在其他地区。同样,山区和少数民族地区的贫困现象最为严重,但仍然有超过一半的贫困人口分布在其他地区。随着贫困水平的降低,村一级的行政单位的贫困集中程度有着下降的趋势。这带给我们一个重要的启示:随着中国扶贫的进一步推进,剩余贫困人口的分布将更加分散,它将大大削弱地区瞄准相对于家庭瞄准方法的扶贫优势。

(5)经济增长对扶贫一直发挥着重要作用。只有在第7个五年计划期间(1986—1990)贫困率才有所上升(当然上升的幅度较小),而在此期间经济增长率下降到了4%以下。然而随着经济增长的扶贫效应下降,扶贫将变得更加困难。在第6个五年计划期间,经济每增长1个百分点,就能带来贫困率下降2个百分点以上,然而在第10个五年计划期间,贫困率对经济增长的弹性系数已经下降到1左右。

(6)不是每个人都平等地分享到了经济增长的成果。自改革开放以来,中国的收入不平等状况加剧,中国已不再是四分之一个世纪前那个不平等程度很低的国家了。收入不平等的基尼系数(未经调整)已经从1981年的30.9%上升到2003年的45.3%。即使考虑到城乡生活成本的差异做了调整后,基尼系数也从1990年的32.9%上升到2005年的44.3%。中国的收入不平等的上升幅度和速度非常突出,收入不平等的加剧是城乡收入差别的扩大和城市内部、农村内部收入不平等两方面叠加的结果。

(7)中国的成功并不仅仅体现在收入增长上。在人类发展指标方面,中国取得了至少同样显著的进步。从各种人类发展指标来看,中国都要好于其他中等收入国家；但在收入增长和扶贫方面，中国取得的进展是不平衡的。近年来，在全国的城市和农村地区、各省和各个家庭之间，非收入领域的人类发展不平等状况也在加剧。

（8）人类发展领域的不平等反映着收入的不平等，这是因为：与过去相比，收入对人们获得健康和教育的影响更大——特别是在农村地区。收入的影响比过去更大，是因为相关制度安排的变化导致了卫生和教育等公共服务的市场化和商业化。地方政府取代了人民公社，负责提供公共服务并筹措资金，但是在贫困地区，由于缺乏财政资源，地方政府很难履行公共服务职责。因此，为了弥补成本，学校和卫生设施不得不越来越依赖于向农村家庭收费。

（9）这种情况的一个直接后果是，农村家庭的教育和卫生支出的负担越来越重。据估计，从 1988 年到 2003 年的 15 年间，家庭教育支出占总支出的比重从 1.0% 上升至 8.3%，家庭卫生支出所占的比重从 1.6% 上升至 5.1%。对于收入最低的 10% 家庭来说，家庭预算中教育和卫生所占比重的增加造成的负担尤其沉重。

（10）从 20 世纪 90 年代中期开始，中国开始对亏损国有企业进行大幅改组，直接导致了几千万城市职工下岗。1994 年（在该年达到高峰）至 2006 年间，国有企业和城市集体企业的就业人数从 1.45 亿减少到 7200 万，减少了 7300 万人。城市劳动力市场重组以及打破铁饭碗体制导致了失业增加、劳动力参与率下降。虽然失业率在 5 年前达到峰值后开始下降，但仍然高于 20 世纪 90 年代中期时的水平。劳动力参与率自 1999 年至 2003 年间下降了 10 个百分点，远远低于 20 世纪 90 年代中期时的水平。

（11）城市国有部门精简的直接后果是劳动力市场的多元化，这表现为 20 世纪 90 年代中期以后非国有部门就业比例的提高。增长最快的部分是那些没有登记的"其他"劳动者——注册企业的未统计员工、非注册非正式企业的员工以及未记录的城市农民工。因为非正规就业通常没有签订劳动合同，而且具有隐蔽性，使城市就业者面临了新的不稳定因素。这导致执行劳动保护法规、以确保工人有安全的工作环境并得到公平对待变得更加困难;同时,建立覆盖大多数人口的社会保障体系,并为该体系筹措足够的资金也变得更加困难。

(12)农村集体公社经济解体和城市国有经济、集体经济的大规模重组,动摇了以往的社会福利体系和社会保障体系的基础。尽管中国正积极在城市和农村建立新的社会保障体系,但很多工作还有待完成,挑战尤存。

应对挑战所采取的政策举措表明,扶贫议程正逐步扩大

上述的发展和挑战都表明,需要一个更广阔的视角来审视扶贫任务。一方面因为经济发展的成功,另一方面因为综合性的经济改革已彻底地改变了中国的经济结构,需要解决的问题(贫困)在很多关键领域都已经发生了质的变化。问题性质的变化意味着,不能仅仅着眼于现有的贫困地区的发展,而是要在更大的范围内拓展扶贫议程,既要拓展扶贫努力的空间覆盖范围,又要在扶贫努力的基本目标、所采取的手段和方法等方面加以拓展:

第一,收入和消费贫困的概念本身需要加以拓展,不仅应该能够满足基本的衣食生存需要,还应该满足针对全部人口的一系列更广泛的基本需要和能力要求。

第二,政策和结构的变化以及风险对当前贫困的重要影响,都表明需要在农村和城市地区建立一个更大的社会保障体制。

第三,公共服务的市场化改革,使得人们在改革前所能普遍享受到的基本卫生和教育服务大多不复存在,为此有必要重新关注这一目标,并把它作为扶贫总体议程的一个组成部分。

第四,为了提高经济增长对减轻贫困的贡献,需要通过有效的方法使贫困人口能够享有更多的机会,更充分地参与经济增长过程。而这不能只靠增加农业收入来实现,还要通过非农就业,实现人口迁移对减轻贫困的潜在效应。

第五,贫困人口的分布更加分散,这意味着可能需要重新调整政策重

点,从关注贫穷地区转向关注贫困人群。

第六,城乡之间以及农村内部和城市内部不平等的迅速扩大,意味着在整体扶贫议程中需要涵盖平等目标的实现。

要提出并制定一个更广泛的扶贫议程,就应该认识到:在过去的四分之一世纪里,中国在治理艰巨的持久性贫困问题上已经获得了巨大成功,在此期间,中国也越来越富裕和繁荣。这两个方面的发展都意味着,中国已有能力制定内容更广泛的扶贫议程来迎接挑战,并且保证这个扶贫战略与全面建设小康社会的目标相符合。

相关政府部门并非没有注意到上述的变化和趋势,例如,近年来出台的一系列政策措施都表明,政府正越来越致力于在扶贫、社会保障以及人类发展等方面推出一个更大的议程。近年来,中国政府针对各种新挑战所采取的政策措施包括:

(1)2000年开始实施的西部大开发战略,其目标是通过开展基础设施建设、扶持人力资本形成、环境保护、改善地区投资环境,以及促进当地的资源型产业发展实现“西部的全面开放”。

(2)重新调整扶贫投入的方向。以地区为基础的扶贫投入已经于2001年从原来指定的592个国家级贫困县转变为14.8万个贫困村。这种调整部分地考虑到了贫困人口分布的分散性,即众多的贫困人口并不居住在政府指定的国家贫困县之中,同时一些贫困县中也有很多非贫困人口。

(3)完善城市社会保障体制。尽管没有明确的官方城市贫困线,但自20世纪90年代中期以来,随着对国有部门进行经济重组以及“铁饭碗”制度被打破,中国政府迅速地建立起了一套城市社会保障体系。这种不断发展的新的城市社会保障体系有以下三个方面的主要内容:第一,对国有企业的下岗职工提供帮助,该项目如今已合并到失业保险制度中;第二,建立以收入为基准的最低生活保障制度(即低保);第三,建立包括养老保险、医疗保险、失业保险、工伤保险和生育保险在内的社会保险项目。

自2003年以来,各项工作的步伐逐渐加快:

（1）支持农村剩余劳动力转移的培训计划。2004年，中国政府开始实施一项涉及多个政府部门的计划，即培训和转移农村劳动力的"阳光工程"，该计划是为农民提供短期的培训，以便促使他们向城市转移，实现非农就业。

（2）该计划的目标是在2010年前培训和转移4000万农民。

（3）废除农业税。中央政府从2002年开始取消对农民的所有地方性非正规收费，但把正规的农业税率从2%～3%提高到7%，以部分地弥补地方财政的不足。后来，中央要求地方政府将此税率每年减少1～2个百分点。到2006年年底，所有的农业税费被全部废除。

（4）支持农业收入。"十一五"规划期间，农业政策从净税收改变为对农业的净补贴。2004年到2007年期间，国家对农业的直接补贴包括粮食补贴和投入补贴（燃料和化肥）在内增加了2.5倍。

（5）覆盖全国的农村社会救助体系。在这几年的政策调整中，最重要的事件之一或许包括2007年3月国家决定建立一套覆盖全国农村的社会保障体系，即低保，或者叫最低生活保障计划。该计划的部分资金由中央财政筹措。与该计划相似的是前文提到的城市低保计划，它从20世纪90年代末已在城市开始实施，目前为2200多万城市居民提供了收入支持。而在农村地区，直到近期才只有部分省份和县实施了低保计划。然而，在新的政策的实施推动下，农村低保已在全国范围内展开，到2007年年底，农村低保对象已增加到将近3500万人。

（6）农村医疗保障计划。另一项重要的相关措施是加快建立全国范围内的新型农村合作医疗制度。该制度是一种新型的、自愿参与的农村医疗保险制度，由县级政府负责实施，地方政府和中央政府共同出资进行补贴。该制度于2003年开始试点，现已逐渐扩展，到2007年年底覆盖了全国86%的县。

（7）城镇居民基本医疗保险。作为目前城镇职工基本医疗保险的补充，2007年国家推行了新型城镇居民基本医疗保险（2005年首次试点），从而使城市医疗保险覆盖了城市失业居民、学生和儿童。

（8）城市及农村医疗救助计划。另一个相关的举措是在城市和农村地区快速展开医疗救助计划，为城乡贫困人口和弱势群体缴纳医疗保险费用和共付提供资金救助。该计划于 2003 年在农村开始试点，2005 年在城市试点，之后迅速推广，到 2007 年年底已覆盖了所有农村县和 86% 的城市。

（9）义务教育财政改革。在教育方面采用的一项重要的新举措为推行免费义务教育。义务教育财政改革于 2006 年 3 月开始，旨在通过免除所有学生的学杂费及书本费，并补助贫困寄宿生生活费（即两免一补政策），在全国彻底实现全民小学和初中教育。改革通过大规模的政府间财政转移来筹资。

因此，我们可以明显地看到，大量的政策出台和执行已经在朝着一个更广泛的扶贫议程方向发展。

选自世界银行东亚及太平洋地区扶贫与经济管理局：《从贫困地区到贫困人群：中国扶贫议程的演进——中国贫困和不平等问题评估》，2009 年 3 月。

参考文献

一、著作类

1. 邓小平:《邓小平文选》(第三卷),人民出版社,1993年。

2. 江泽民:《江泽民文选》(第一卷),人民出版社,2006年。

3. 胡锦涛:《坚定不移沿着中国特色社会主义道路前进 为全面建成小康社会而奋斗——在中国共产党第十八次全国代表大会上的报告》,人民出版社,2012年。

4.《习近平谈治国理政》,外文出版社,2014年。

5.《习近平谈治国理政》(第二卷),外文出版社,2017年。

6. 习近平:《决胜全面建成小康社会 夺取新时代中国特色社会主义伟大胜利——在中国共产党第十九次全国代表大会上的报告》,人民出版社,2017年。

7.《关于深化科技体制改革 加快国家创新体系建设的意见》,人民出版社,2012年。

8. 中共中央文献研究室编:《习近平关于全面深化改革论述摘编》,中央文献出版社,2014年。

9.[印度]阿玛蒂亚·森:《论经济不平等/不平等之再考察》,王利文、于占杰译,社会科学文献出版社,2006年。

10.[美]阿瑟·奥肯:《平等与效率:重大的抉择》,王奔洲译,华夏出版社,1987 年。

11.[美]埃德蒙·菲尔普斯:《大繁荣:大众创新如何带来国家繁荣》,余江译,中信出版社,2013 年。

12.[美]安格斯·迪顿:《逃离不平等:健康、财富及不平等的起源》,崔传刚译,中信出版社,2014 年。

13.[美]保罗·萨缪尔森、威廉·诺德豪斯:《经济学》上册(第十九版),萧琛译,商务印书馆,2012 年。

14.[美]康芒斯:《制度经济学》(上册),于树生译,商务印书馆,2006 年。

15.[德]柯武刚、史漫飞:《制度经济学:社会秩序和公共政策》,韩朝华译,商务印书馆,2000 年。

16.[英]卡尔·波兰尼:《大转型:我们时代的政治与经济起源》,冯钢、刘阳译,浙江人民出版社,2007 年。

17.[美]科斯等《财产权利与制度变迁——产权学派与新制度学派译文集》,刘守英等译,上海人民出版社,1994 年。

18.林毅夫:《新结构经济学:反思经济发展与政策的理论框架》,苏剑译,北京大学出版社,2012 年。

19.[美]迈克尔·波特:《国家竞争优势》(下),李明轩、邱如美译,中信出版社,2012 年。

20.[美]斯蒂格利茨:《政府为什么干预经济——政府在市场经济中的角色》,郑秉文译,中国物资出版社,1998 年。

21.[法]托马斯·皮凯蒂:《21 世纪资本论》,巴曙松等译,中信出版社,2014 年。

22.[美]维托·坦茨:《政府与市场:变革中的政府职能》,王宇等译,商务印书馆,2014 年。

23.[英]亚当·斯密:《国民财富的性质和原因的研究》(上卷),郭大力、王亚南译,商务印书馆,1972 年。

24. [英]亚当·斯密:《国民财富的性质和原因的研究》(下卷),郭大力、王亚南译,商务印书馆,1974 年。

25. [英]约翰·梅纳德·凯恩斯:《就业、利息和货币通论》(重译本),高鸿业译,商务印书馆,1999 年。

26. [美]约瑟夫·熊彼特:《经济发展理论——对于利润、资本、信贷、利息和经济周期的考察》,何畏、易家详等译,商务印书馆,1990 年。

27. [美]约瑟夫·E. 斯蒂格利茨:《不平等的代价》,张子源译,机械工业出版社,2013 年。

二、文章类

1. 习近平:《谋求持久发展 共筑亚太梦想——在亚太经合组织工商领导人峰会开幕式上的演讲》,《人民日报》,2014 年 11 月 10 日。

2.《七问供给侧结构性改革(权威访谈)——权威人士谈当前经济怎么看怎么干》,《人民日报》,2016 年 1 月 4 日。

3. 人民日报评论员:《经济形势闪耀新亮点——新常态下的中国经济(上)》,《人民日报》,2014 年 8 月 5 日。

4. 人民日报评论员:《经济运行呈现新特征——新常态下的中国经济(中)》,《人民日报》,2014 年 8 月 6 日。

5. 人民日报评论员:《经济发展迈入新阶段——新常态下的中国经济(下)》,《人民日报》,2014 年 8 月 7 日。

6. 人民日报评论员:《主动适应新常态 奋力开创新局面》,《人民日报》,2014 年 12 月 12 日。

7. 人民日报评论员:《主动适应经济发展新常态—— 二论贯彻落实中央经济工作会议精神》,《人民日报》,2014 年 12 月 14 日。

8. 人民日报评论员:《以新作为引领新常态—— 一论如何看待新常态下新变化》,《人民日报》,2015 年 4 月 16 日。

9. 人民日报评论员:《遵循逻辑 主动引领经济发展新常态—— 三论贯

彻落实中央经济工作会议精神》,《人民日报》,2015 年 12 月 25 日。

　　10. 人民日报评论员:《以新理念把握引领新常态—— 一论学习贯彻习近平同志在省部级专题研讨班上重要讲话》,《人民日报》,2016 年 1 月 22 日。

　　11.《五问中国经济(权威访谈)——权威人士谈当前经济形势》,《人民日报》,2015 年 5 月 25 日。

版权说明

1.本系列丛书所有选编内容,均已明确标明文献来源;

2.由于本系列丛书选编所涉及的版权所有者非常多,我们虽尽力联系,但不能完全联系上并取得授权;

3.如版权所有者有版权要求,欢迎联系我们,并敬请谅解。

本丛书编委会

(复旦大学马克思主义学院,上海,邮编200433)

2020年春